監修 矢口高雄

図書館版

海（うみ）づりにチャレンジ！

千坂隆男 著

# つり場の風景

海では、防波堤づりや浜づり、いそづりなどが楽しめる。安全に注意して、海づりにいこう。

## 防波堤

港の防波堤は大人気。フェンスが設置されているところなら、安心してつりができる。

防波堤でのつりは、親子でもカップルでも楽しめる。

アジやサバはもちろん、ときには大物のクロダイやスズキがつれることもある。

サビキづりでは、小アジがたくさんつれる。

しかけを遠くにとばしたあと、このようにおきザオにしてつる方法もある。

## 砂浜

リールを使い、砂浜から思いきりしかけをとばすのが浜づり。波に注意してアタリをまとう。

## 小いそ

都市の近くなら、人工のいそをもうけたつり施設もある。

こんな大物がつれたら最高！

朝夕は潮が動くので、よくつれる。

ハゼなら、小さな子どもでもかんたんにつれる。

# 魚

海の魚は、アタリがあったときの強いひきが特徴。タイミングをあわせて、じょうずにつりあげよう。

ボラ

ハゼ

アジ

スズキ

サヨリ

ウミタナゴ

メバル

アイナメ

写真提供：相模川ふれあい科学館 アクアリウムさがみはら、新野大

海(うみ)づりで使う道具(どうぐ)は、ねらう魚(さかな)の種類(しゅるい)やつり方(かた)によってちがう。小(ちい)さい魚(さかな)だったら、弱(よわ)いアタリでもわかる道具(どうぐ)、大(おお)きい魚(さかな)だったら、強(つよ)いひきにたえられる道具(どうぐ)が必要(ひつよう)になる。

## サオとリール

海(うみ)づりでは、ねらう魚(さかな)が岸(きし)から遠(とお)くにいることも多(おお)い。そこで便利(べんり)なのが、しかけを遠(とお)くへとばせるリールザオとリールの組(く)みあわせ。手(て)ザオは、岸(きし)から近(ちか)いところにいる魚(さかな)をねらうときに使(つか)う。

スピニングリール

スピニングリールをセットしたリールザオ

手ザオ

## カラフルなウキ

ウキは、アタリを知るためのだいじな道具。海づりで使うウキは、川や湖で使うものよりもカラフルなものが多い。

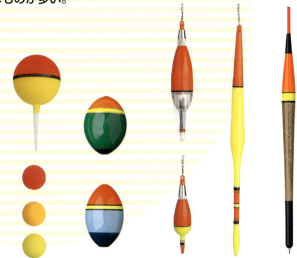

## 海づりのタックル

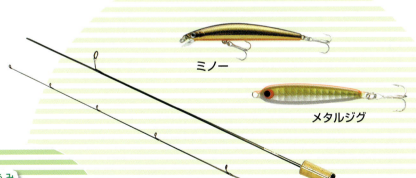

ミノー

メタルジグ

「タックル」とは、つり道具のこと。ルアーづりでカサゴやメバルをねらうなら、これくらい細いロッドでもじゅうぶん。ひきの強烈なシーバス（スズキ）なら、もっと太いロッドが必要になる。

# 料理

川や湖などの淡水のつりでは、魚をつりあげてもリリースすることが多いが、海では食べるためにつるのがふつう。つりだけでなく、料理にもチャレンジしてみよう。

キスの天ぷら

アジのフライ

カレイの煮付け

サバの味噌煮

タイを使ったお祝い料理。いつか、こんなタイがつれるかもしれない。

# はじめに

　青い空、広い海……。きれいな空気を胸いっぱいにすって、つりをする。つりは、心にも体にも、とってもよいスポーツです。
　でも、つりの相手は小さな魚ではなく、広く大きな海です。ゆだんをしたり、ふざけたりしていると、海にしかられるかもしれません。ときには、命にかかわる事故にあうかもしれません。
　しっかりした計画とじゅんびができたら、お父さんやお兄さん、友だちなどといっしょに、海へつりにでかけましょう。

# よくつれる！超カンタンつり入門 図書館版
## 海づりにチャレンジ！

## もくじ

○この本の使い方 ——————— 4

### つりにいく前に知っておこう  5

海でつれる魚 ——————— 6
いつ、どんな魚がつれる？ ——— 8
計画を立ててみよう ————— 9
天気を知ろう ——————— 10
潮の動きを知ろう ————— 12
マナーを守ろう —————— 14
つりを安全に楽しむには… —— 16
こんな魚に注意しよう ——— 17
つりの服装と道具 ————— 18
道具をそろえよう
    サ　オ ——————— 20
    リール ——————— 22
    ハ　リ ——————— 25
    糸 ————————— 26
    ウ　キ ——————— 27
    オモリ、接続具、小物類 — 28
糸の結び方を覚えよう ——— 30
サオをふってみよう ———— 34
道具の手入れ ——————— 36
エサとルアー ——————— 37
いろいろなつり方
  ウキづり ——————— 38
    サビキづり ————— 39
  投げづり ——————— 40
    ミャクづり ————— 41
  フカセづり ————— 42
    ルアーづり ————— 43

つり日記をつけよう ——— 46
つった魚の写真をとろう ——— 47
魚をもちかえろう ——— 48
魚のさばき方 ——— 49
おいしく食べよう ——— 50

## つりにでかけよう  51

アジ、サバ、イワシ ——— 52
ハゼ ——— 54
アイナメ ——— 56
ウミタナゴ ——— 58
カサゴ ——— 60
カレイ ——— 62
カワハギ ——— 64
イシダイ（シマダイ） ——— 65
シロギス、メゴチ ——— 66
サヨリ ——— 68
メバル ——— 70
コノシロ（コハダ）、サッパ ——— 72
イサキ ——— 74
メジナ ——— 76
クロダイ ——— 78
ボラ ——— 80
スズキ（セイゴ、フッコ） ——— 82
アナゴ ——— 84
ワタリガニ ——— 85

**みんなで
つりにいこう**

○全国海づり公園ガイド ——— 86
○さくいん（つり用語解説つき） ——— 90

# この本の使い方

51ページからの「つりにでかけよう」のコーナーでは、海でつれる魚について、必要な道具やテクニックなどがくわしい図入りで解説してあります。

魚にはいろいろなよび名があります。

いろいろなつり方ができますが、とくにおすすめのつり方と道具です。

よくつれるのは白丸の月です（地域によってちがいます）。

魚のいる場所がポイントです。

こんなすがたをしています。

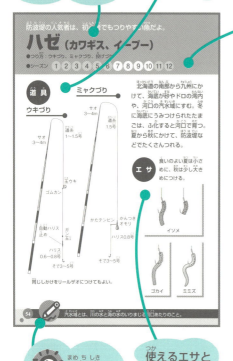

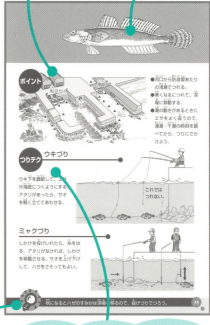

使えるエサとそのつけ方。

豆知識

注意しよう

ことばの意味

ちょっとしたヒントですが、実は大切です。

最後はテクニックで決まります。

➡ しめしたページに、関係のある内容がのっています。

# つりにいく前に知っておこう

## 魚のひみつ

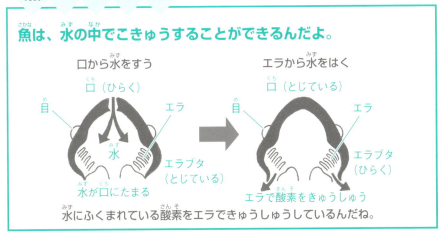

魚は、水の中でこきゅうすることができるんだよ。

口から水をすう　　　　エラから水をはく

口（ひらく）　　　　口（とじている）
目　　エラ　　　　目　　エラ
水
エラブタ（とじている）　　エラブタ（ひらく）
水が口にたまる　　エラで酸素をきゅうしゅう

水にふくまれている酸素をエラできゅうしゅうしているんだね。

どこで、どんな魚がつれるのかな？
# 海でつれる魚

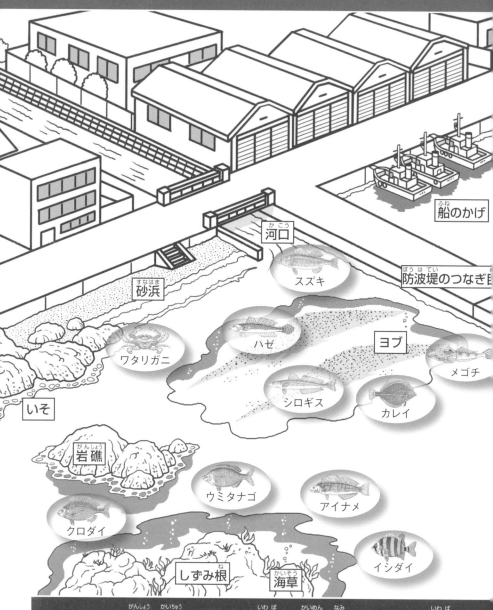

魚のいるところ、つれそうなところを「ポイント」とよぶ。防波堤やいそのまわりには、魚のエサになる生き物がたくさんすんでいるので、よいポイントが多い。

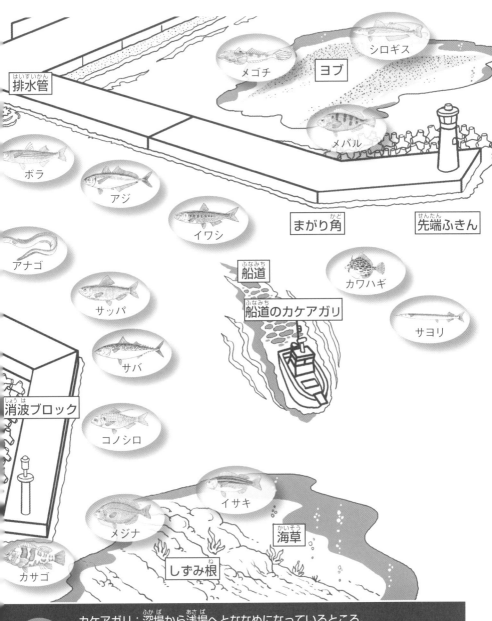

カケアガリ：深場から浅場へとななめになっているところ。
船道：船のとおり道。まわりよりも深くなっている。
消波ブロック：波の力を弱めるためのコンクリートブロック。

季節によって、つれる魚、つれない魚があるんだよ。

# いつ、どんな魚がつれる？

　植物に四季があるように、魚にも、たまごをうんだり、活動がさかんになったりする季節がある。魚をつるためには、その魚のつれる季節をまず考えて、計画を立てよう。

## ▼魚のよくつれる季節

（●：とくによくつれる）

| 魚 | 1月 | 2月 | 3月 | 4月 | 5月 | 6月 | 7月 | 8月 | 9月 | 10月 | 11月 | 12月 |
|---|---|---|---|---|---|---|---|---|---|---|---|---|
| アイナメ | ● | ● | ● | | | | | | | | ● | ● |
| アジ | | | | | | ● | ● | ● | ● | ● | | |
| アナゴ | | | | | | | | ● | ● | ● | | |
| イサキ | | | | | ● | ● | ● | ● | ● | ● | | |
| イシダイ | | | | | | ● | ● | ● | ● | ● | | |
| イワシ | | | | | | ● | ● | ● | ● | ● | | |
| ウミタナゴ | | ● | ● | ● | ● | | | | | | | |
| カサゴ | ● | | | | | | | | | | ● | ● |
| カレイ | ● | ● | ● | | | | | | | | | |
| カワハギ | | | | | | ● | ● | ● | ● | ● | | |
| クロダイ | | | | | | ● | ● | ● | ● | | | |
| コノシロ | | | | ● | ● | ● | ● | | | | | |
| サッパ | | | | ● | ● | ● | ● | | | | | |
| サバ | | | | | | ● | ● | ● | ● | ● | | |
| サヨリ | ● | | | | | | | | | | | ● |
| シロギス | | | | | | ● | ● | ● | ● | ● | ● | |
| スズキ | | | | | | | | ● | ● | ● | | |
| ハゼ | | | | | | ● | ● | ● | ● | ● | | |
| ボラ | | | | | | ● | ● | ● | | | | |
| メゴチ | | | | | | ● | ● | ● | | | | |
| メジナ | | | | | | | | | ● | ● | ● | ● |
| メバル | ● | ● | ● | ● | | | | | | | | ● |
| ワタリガニ | | | | | | ● | ● | ● | | | | |

【注意】この表はおよそのめやすです。地域によっては数か月ずれることがあります。

魚の動きが活発になる夏は、つれる魚が多いね。

つれるかつれないかは、でかける前の計画で決まる。
# 計画を立ててみよう

なんの計画もなく海へいっても、魚はつれない。その日の天気が悪ければ、海があれてつりにはならないし、ねらっている魚の食欲がおうせいな季節でなければ、まったくつれなかったりもする。天気や季節によって、魚はつれたり、つれなかったりするので、事前のじゅんびや計画がとてもだいじになる。

## ▼つりの情報を集めよう

つり場の情報を調べれば、つりの計画に役立つ。

魚
インターネット　つりのざっし　つり具店

いき方
地図　時刻表　交通機関

天気
テレビやインターネットの天気予報

お金
交通費、エサ代、おこづかい

**つりの前日のじゅんび**
つりの前日になったら、持ち物をチェックしながらじゅんびする。天気が悪くなったら計画を変更しよう。

でかけるときには、家の人にかならずいき先を知らせよう。

「つりは天気で決まる」といわれるほど、天気は重要。

# 天気を知ろう

天気はつりと深い関係がある。風が強いと波が高くなり、つりをすることができない。天気のよい日よりも、少しくもった日のほうが、よくつれることがある。

## 天気とつり

天気のよい日はまわりがよくみえるため、魚のけいかい心が強くなる。また、大雨や風の強い日は、アタリ（●→27ページ）がわかりにくいことはもちろん、海に近づくことじたいきけんだ。

晴れ / にげろ

雨

風

## 天気図の見方

- ●最高気温、最低気温、波の高さなども調べよう。
- ●雨や強風の中でのつりは、防波堤ではとくにきけん。
- ●台風情報にも気をつけよう。
- ●週間天気予報で1週間ぶんの天気を調べておくといい。

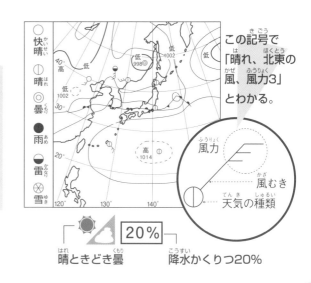

この記号で「晴れ、北東の風、風力3」とわかる。

風力 / 風むき / 天気の種類

晴ときどき曇 / 降水かくりつ20%

夏のつりは暑さ対策、冬のつりは寒さ対策が必要だね。

# 空が天気を教えてくれる

昔からの言い伝えも、天気を知るのに役立つ。つりの前日の夜、当日の朝、また、つりをしているときにも、空のようすに注意していよう。

夕やけ／あしたは晴れ

朝やけ／天気がくずれ、海がしける

水平線が波立つ／突風がふく

西の空が明るくなる／天気が回復する

水平線の黒い雲／天気がくずれる

夜空に星がよく光る／風が強くなる

天気は西からかわってくる。つり場では、西の空に気をつけよう。

1日のうちでも、つれる時間とつれない時間がある。

# 潮の動きを知ろう

　潮が満ちて、海がいちばん深いときが満潮。反対に、潮がひいていちばん浅いときが干潮。満潮と干潮は交互にあらわれ、満潮からつぎの満潮までの間はだいたい12時間。ふつう、満潮と干潮は1日に2回ずつある。

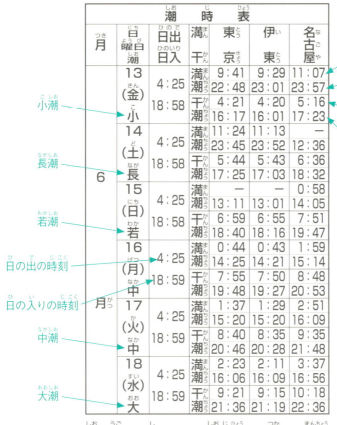

潮時表

| 月 | 日曜日潮 | 日出日入 | 満潮干潮 | 東京 | 伊東 | 名古屋 |
|---|---|---|---|---|---|---|
| 6 | 13(金)小 | 4:25 / 18:58 | 満潮 | 9:41 / 22:48 | 9:29 / 23:01 | 11:07 / 23:57 |
| | | | 干潮 | 4:21 / 16:17 | 4:20 / 16:01 | 5:16 / 17:23 |
| | 14(土)長 | 4:25 / 18:58 | 満潮 | 11:24 / 23:45 | 11:13 / 23:52 | — / 12:36 |
| | | | 干潮 | 5:44 / 17:25 | 5:43 / 17:03 | 6:36 / 18:32 |
| | 15(日)若 | 4:25 / 18:58 | 満潮 | — / 13:11 | — / 13:01 | 0:58 / 14:05 |
| | | | 干潮 | 6:59 / 18:40 | 6:55 / 18:16 | 7:51 / 19:47 |
| | 16(月)中 | 4:25 / 18:59 | 満潮 | 0:44 / 14:25 | 0:43 / 14:21 | 1:59 / 15:14 |
| | | | 干潮 | 7:55 / 19:48 | 7:50 / 19:27 | 8:48 / 20:53 |
| | 17(火)中 | 4:25 / 18:59 | 満潮 | 1:37 / 15:20 | 1:29 / 15:20 | 2:51 / 16:09 |
| | | | 干潮 | 8:40 / 20:46 | 8:35 / 20:28 | 9:35 / 21:48 |
| | 18(水)大 | 4:25 / 18:59 | 満潮 | 2:23 / 16:06 | 2:11 / 16:09 | 3:37 / 16:56 |
| | | | 干潮 | 9:21 / 21:36 | 9:15 / 21:19 | 10:18 / 22:36 |

- 小潮
- 長潮
- 若潮
- 日の出の時刻
- 日の入りの時刻
- 中潮
- 大潮
- 1回目の満潮
- 2回目の満潮
- 1回目の干潮
- 2回目の干潮

潮の動きには5種類ある。差が小さい小潮、つぎの順でくりかえされる。満潮と干潮の差が大きい大潮、そのほかに中潮、長潮、若潮があり、大潮→中潮→小潮→長潮→若潮→中潮→大潮……。

　潮の動きを知るには「潮時表」を使う。満潮と干潮の時刻を調べて、何時にでかければよいのかを計算しよう。

潮時表にはおもな港がのっている。つり場に近い港をめやすにしよう。

# 上げ三分・下げ三分

潮が動くと、海の中の小さな生物の動きが活発になる。そのため、それを食べる魚も活発に動き、よくつれる。満潮・干潮のちょうどになったときは「潮どまり」といって、潮が動かなくなるので、あまりつれない。満潮と干潮の間を10等分したとき、干潮から3番目を「上げ三分」、満潮から3番目を「下げ三分」という。そのころから潮が動きはじめ、よくつれるようになる。

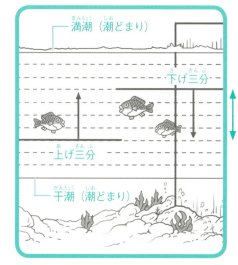

# 潮目・サラシ場

潮目は、潮と潮がぶつかるところ。サラシ場は、潮が岩などにぶつかって白くアワだっているところ。どちらもよくつれるポイント。

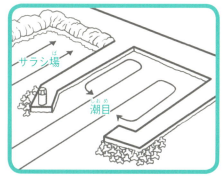

# 朝マズメ・タマズメ

日の出・日の入りの前後2時間ほどが、魚の食事タイム。そのころの時間帯を「朝マズメ」「タマズメ」という。プランクトンが上層に集まり、魚がこれを追って活発に動くので、よくつれるようになる。

 海づり公園には利用時間のきまりがある。前もって調べておこう。

まわりの人にことわってから、自分のつり場を決めよう。

# マナーを守ろう

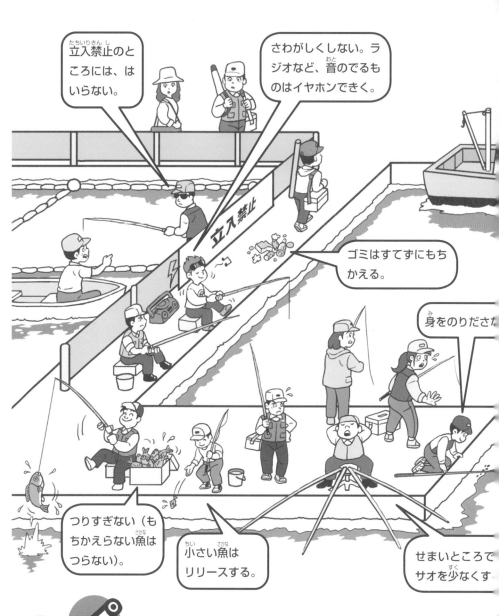

「リリース」とは、つった魚を水にもどしてあげることなんだ。

防波堤ではたくさんの人がつりをしている。その中でつりをするときは、まわりの人にめいわくをかけないようにしよう。また、海をよごしたり、むやみやたらに魚をつったりするのもやめよう。

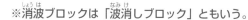

※消波ブロックは「波消しブロック」ともいう。

「オマツリ」とは、糸と糸がからみあうことだよ。

自然をあまくみると、ケガや事故につながることもある。
# つりを安全に楽しむには…

つりは楽しいけれど、海にはきけんがいっぱい。楽しいはずのつりが、一歩まちがえると事故につながることがある。海では、注意してつりをしよう。

**高波にさらわれる** — 天気予報に注意。

**ハリがささる** — 長ズボン・長そでシャツを着る。

**海に落ちる** — 足もとに注意。ライフジャケットを着る。

**カミナリにうたれる** — カミナリがなったら、すぐにひなんする。

**日射病にかかる** — ぼうしをかぶる。水分をとる。

## これがだいじ！

ひとりでつりにいかない。
おとなの人といっしょにいく。

暑さがきびしいときには、むりをせず、ときどき日かげで休もう。

ちょっとまって！ 魚にさわる前にかくにん！
# こんな魚に注意しよう

　みたことのない魚は、ぜったいに素手でさわらないこと。毒のあるトゲやするどいエラブタをもっている魚がいるので、とてもきけんだ。メゴチバサミ（●→67ページ）でつかむようにしよう。

## ● 毒のあるトゲをもつ魚

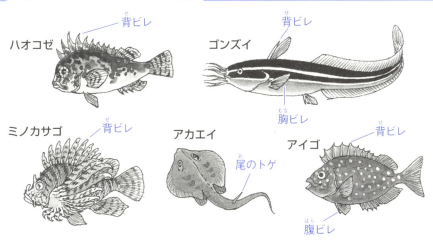

## ● するどいエラブタ、ヒレ、歯をもつ魚

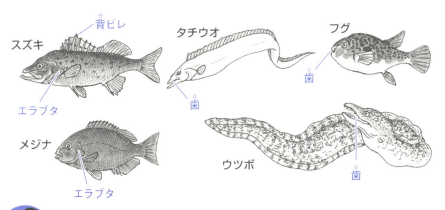

魚が死んでも毒は消えない。くつでふんでもトゲがささることがあるよ。

## つりの服装と道具

おこづかいにあわせて、少しずつそろえていこう。

道具も大切だが、安全で動きやすい服装もわすれてはならない。日射病にかからないためのぼうし、ハリから身を守るための長そでシャツと長ズボンは、ぜひ用意しよう。

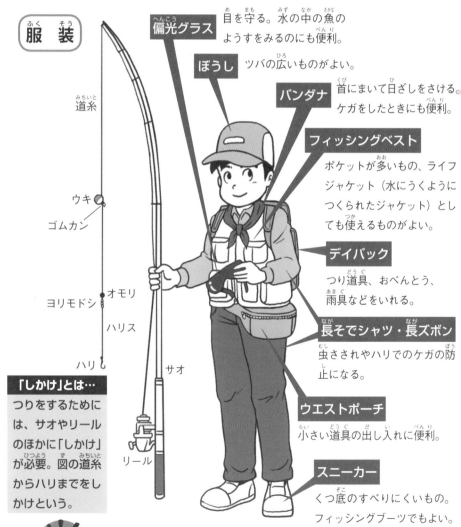

**服装**

- **偏光グラス**：目を守る。水の中の魚のようすをみるのにも便利。
- **ぼうし**：ツバの広いものがよい。
- **バンダナ**：首にまいて日ざしをさける。ケガをしたときにも便利。
- **フィッシングベスト**：ポケットが多いもの、ライフジャケット（水にうくようにつくられたジャケット）としても使えるものがよい。
- **デイパック**：つり道具、おべんとう、雨具などをいれる。
- **長そでシャツ・長ズボン**：虫さされやハリでのケガの防止になる。
- **ウエストポーチ**：小さい道具の出し入れに便利。
- **スニーカー**：くつ底のすべりにくいもの。フィッシングブーツでもよい。

道糸・ウキ・ゴムカン・ヨリモドシ・オモリ・ハリス・ハリ・サオ・リール

**「しかけ」とは…**
つりをするためには、サオやリールのほかに「しかけ」が必要。図の道糸からハリまでをしかけという。

携帯電話やスマートフォンは、天気予報やニュースを知るのに便利だよ。

# 道具

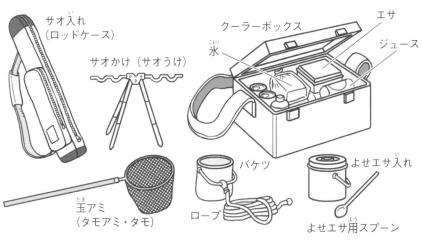

ハリ、オモリ、接続具などのしかけ類は、多めにもっていこう。

自分の体にあった長さのサオを選ぼう。

# 道具をそろえよう

## サオ

昔は、竹を切ってつくった竹ザオや、グラスファイバーというガラスせんいでつくったサオが多かった。現在のサオのほとんどは、素材にカーボンファイバーという炭素せんいを使っている。

## サオの役割

1 しかけを遠くにはこぶ。

2 アタリ（●27ページ）を手に伝える。

3 サオのしなりで、糸切れや魚の口切れをふせぐ。

## サオの種類

つり具店で相談して、体にあった長さのサオを選んでもらおう。

### 手ザオ

リールをつけずに使うサオ。10mくらいまでの近いところをねらう。

穂先

### リールザオ

リールをつけて使うサオ。近いところはもちろん、遠いところでも、ねらうことができる。

穂先

リールザオ
投げづり（●40ページ）やウキづり（●38ページ）で使う。

ガイド

リール

ルアーロッド
ルアーづり（●43ページ）では、サオのことをロッドという。

防波堤づりでは、2〜3mくらいのやわらかいサオが使いやすい。

はじめて買うなら、いろいろなつりに使えるリールザオがいいよ。

# サオのつなぎのタイプ

## ふりだしザオ

もとザオの中に短いサオが数本はいっていて、ひきだすと1本の長いサオになる。電車やバスでいくときにはとても便利。

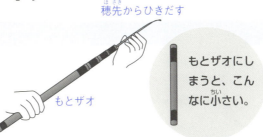
穂先からひきだす
もとザオ
もとザオにしまうと、こんなに小さい。

## つなぎザオ

数本にわかれているサオをつなぎ、1本の長いサオにして使う。

これは4本つなぎ

## のべザオ

竹やカーボンでつくられた1本の長いサオ。もちはこびには不便。

# ふりだしザオのつなぎ方・しまい方

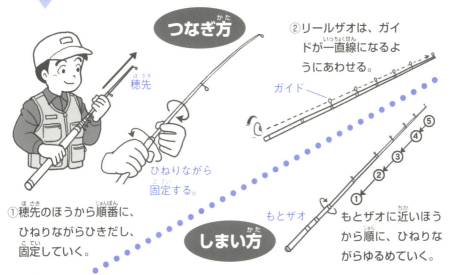

つなぎ方
穂先
ひねりながら固定する。
①穂先のほうから順番に、ひねりながらひきだし、固定していく。

②リールザオは、ガイドが一直線になるようにあわせる。
ガイド
もとザオ
もとザオに近いほうから順に、ひねりながらゆるめていく。

しまい方

砂はサオの敵。サオに砂がついたら、タオルでふきとろう。

## 50mはなれたところの魚でも、リールを使えばOK！

# リール

リールは、投げこんだ糸をまきとるためのもの。リールザオにつけてしかけを遠くに投げれば、手ザオではとどかないポイントにいる魚でも、ねらうことができる。

### スピニングリール

**あつかいやすく使い道が広い。**
**遠投にてきしたリール。**

**リールフット**：サオのリールシートに固定する部分。

**ストッパーレバー**：糸がでるのをとめたり、自由にしたりする。

**ベールアーム**：投げるときにはアームをおこす。まきとるときにはたおす。

**スプール**：糸をまきつけておくところ。

**ラインローラー**：糸をまきとる部分。

**ハンドル**：糸をまきとるときにまわす。

### 片軸受けリール

おもにクロダイのフカセづり（●→78ページ）で使われる。糸がうまくでるように、回転しやすいつくりになっている。

はじめて買うなら、スピニングリールがおすすめだよ。

# スピニングリールに糸をまく方法

道具をそろえよう

## 1
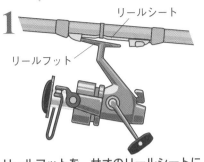
リールフットを、サオのリールシートにとりつける。

## 2
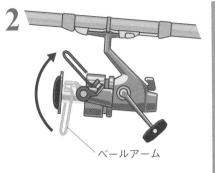
ベールアームをおこす。

## 3
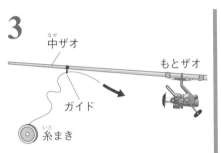
糸の先を、リールにいちばん近いガイドにとおす。

## 4
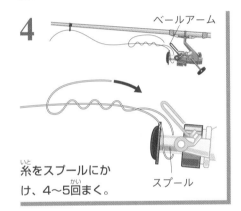
糸をスプールにかけ、4〜5回まく。

## 5
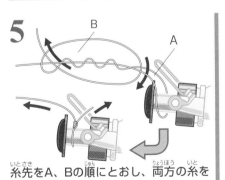
糸先をA、Bの順にとおし、両方の糸をゆっくり強くひく。

## 6
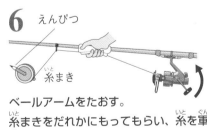
ベールアームをたおす。
糸まきをだれかにもってもらい、糸を軍手やぬれタオルなどでおさえて、ゆっくりまいていく。素手でもつと、指が切れたり、ヤケドをしたりするのできけん。

両方の足の親指にえんぴつをはさめば、ひとりでまくことができるよ。

# スピニングリールのセットのしかた

スピニングリールは、ふつう、左右どちらにもハンドルをつけることができる。キャスティング（➡43ページ）の回数の多いルアーづりでは、投げるほうの反対側（右手で投げるなら左側）にハンドルをつければ、投げたあと、すぐにリールをまくことができる。

**1** リールフットを、サオのリールシートにしっかりとりつける。

**2** 糸の先をつまんでベールアームをくぐらせ、ラインローラーのわきからひっぱりだす。

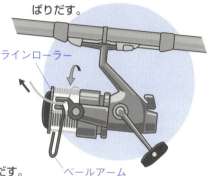

**3** ストッパーレバーをたおして、糸をひきだす。

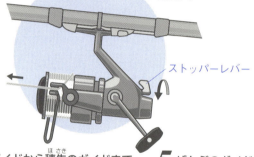

**4** 下のガイドから穂先のガイドまで、順に糸をとおしていく。

**5** ぜんぶのガイドに糸をとおしたら、ストッパーレバーをもとにもどす。

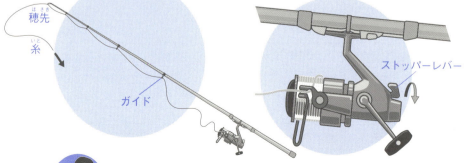

リールをセットする前に、ガイドが一直線になっているかたしかめよう。

# つりたい魚の種類や大きさにあわせて、ハリを選ぼう。

小さい魚をねらうときに大きいハリを使っていては、なかなかうまくつれない。つる魚の種類や大きさ、つけるエサの大きさにあわせて、ハリを選ぶ必要がある。

道具をそろえよう

## ハリのしくみ

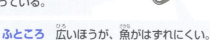

**ハリ先** 魚の口にささる。ツメにあててすべるようなら、新しいハリにかえる。

**かえし** かかった魚がはずれにくいようになっている。

**ふところ** 広いほうが、魚がはずれにくい。

「そで10号」というハリは、「そで」という名前の「10号」の大きさのハリ。号数が大きいほど、ハリは大きい。

## ハリ

魚の名前がつけられたハリもある。

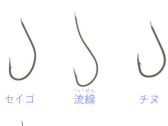

セイゴ　流線　チヌ

グレ　ウミタナゴ　そで

## フック

ルアーづりでは、ハリのことをフックという。

ソフトルアー（→43ページ）と組みあわせて使う。

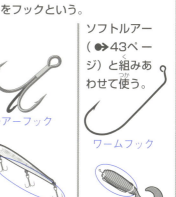

ルアーフック　ワームフック　ミノー　グラブ

ハリス（→26ページ）のついた便利なハリが売られているよ。

## サオだけでなく、糸の手入れもわすれずにね。

糸は細いほうが魚にみつかりにくいが、細すぎては魚に切られてしまう。ねらう魚にあわせて選ぶのがコツだ。

## 糸のよび名

### 道糸（ライン）
サオにつなぐ糸。手ザオでは穂先に結び、リールザオではリールにまいておく。ルアーづりでは、道糸のことをラインという。

### 先糸
しかけの中心の糸。先糸をつけずに、道糸とハリスを直接結ぶこともある。

### ハリス
ハリに結ぶ糸で、道糸よりも細めの糸を使う。道糸よりも細くするのは、ハリが石や大きな魚にかかったとき、ハリスを切らせて、道糸が切れないようにするため。

## 使った糸を調べよう

### ナイロン糸は塩水に弱い
▶水道の水で塩分やよごれをあらい流す。
▶布できれいにふき、かわかす。

### 結び目やキズのあるところが切れやすい
▶リールザオの場合は、使った道糸の先を切りすてる。
▶手ザオの場合は、しかけ全体をすてて、新しいものにとりかえる。

糸の太さは「号」であらわされ、号数が大きいほど太くなるんだ。

# 魚がエサをくわえれば、ウキが動き、アタリがわかる。

ウキの役目は、アタリ（魚がエサをくわえること）を知らせることと、エサをねらった深さにとめること。つる場所や魚の種類によって、ウキを使いわけよう。

道具をそろえよう

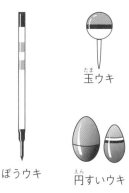

ぽうウキ　玉ウキ　円すいウキ

トウガラシウキ

電気ウキ

シモリウキ

## ウキのとめ方

### ●玉ウキ

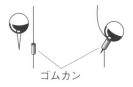

ゴムカン
ゴムでできた接続具。

「タナ」にあわせて、ゴムカンでとめる。

### ●シモリウキ

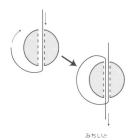

ウキのあなに、道糸を二重にとおす。

### ●電気ウキ

スナップつきヨリモドシ（→28ページ）でとめる。

タナとは、水の中の魚のいる層のことだよ。

# オモリ、接続具、小物類

ヨリモドシを使えば、糸のもつれがなくなるよ。

しかけはかんたんなものほど使いやすく、魚にもけいかいされにくい。オモリや接続具、そのほかの小物類を、どう組みあわせるかが重要だ。

## オモリ

板オモリとガン玉、カミツブシは糸にまきつけたり、糸をはさんだりしてとめるオモリ。中どおしオモリはあなの中に糸をとおして使い、かんつきオモリはスナップなどにとりつけて使う。

板オモリ

カミツブシ

### 中どおしオモリ

丸型

ナツメ型

### かんつきオモリ

ナス型

小田原型

円盤型

ガン玉

## ヨリモドシ

ヨリモドシは、糸のもつれをふせいだり、しかけの交換をらくにしたりするために使われる。

たる型ヨリモドシ

スナップ

スナップつきヨリモドシ

箱型ヨリモドシ

ミツカン

自動ハリス止めつきヨリモドシ

ヨリモドシは「スイベル」や「サルカン」とよぶこともあるんだ。

## ▼ テンビン

テンビンをつけると、ハリスがからみにくくなったり、切れにくくなったりする。ヨリモドシやオモリと組みあわせて使うことが多い。

道具をそろえよう

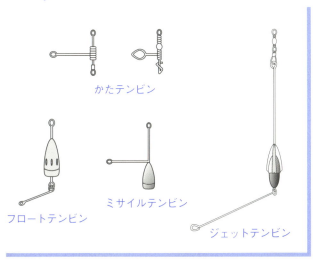

かたテンビン

フロートテンビン　ミサイルテンビン　ジェットテンビン

### テンビンのとりつけ方

一般式

遊動式

## ▼ よせエサカゴ

サビキづり（●→39ページ）で魚を集めるには、よせエサ（●→37ページ）が必要。しかけとよせエサをいっしょに投げるときには、よせエサカゴを使う。

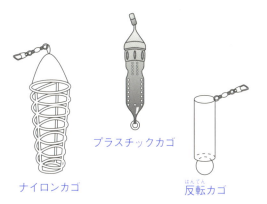

ナイロンカゴ　プラスチックカゴ　反転カゴ

### いれ方

ばらけやすいように、8分目くらいいれる。

長い針金を使ったテンビンなら、しかけが石にひっかかりにくいよ。

29

糸の結びがあまいと、にげられてしまうよ。

# 糸の結び方を覚えよう

しかけが根がかり（海底の石などにひっかかること）すると、オモリがとれたり、ハリスが切れたりすることがある。糸の結び方を覚えておけば、いざというときにも安心だ。

## 糸と糸

### 1

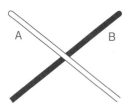

AとBの2本の糸を交差させる。

### 2

AをBに3〜4回まき、交差しているところにAの先をはさむ。

### 3

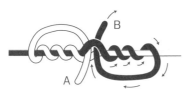

Bも「2」と同じようにまいていく。

### 4

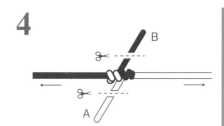

それぞれの糸の長いほうをもち、ゆっくりとひいてしめる。

道糸とハリスなど、太さのちがう糸どうしでもやってみよう。

# チチワ結び

1本の糸で輪をつくる。こうしてできた輪を「チチワ」という。

### 1

二重におる。

### 2
輪をつくる。

### 3

輪をおさえながらまわす。

### 4

8の字のようにとおす。

### 5
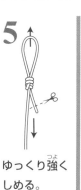
ゆっくり強くしめる。

**糸の結び方を覚えよう**

# ハリと糸

### 1

ハリのじくに糸をそえて輪をつくる。

### 2

ハリのじくに糸を4～5回まきつける。

### 3

糸の先を輪にとおす。

### 4

まいたところを指でおさえながら、糸をゆっくりとひいてしめる。

## 結ぶときに注意しよう

× ハリの外側に、ハリスがきているので正しくない。

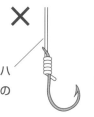 

○ ハリの内側に、ハリスがくるように結んでいるので正しい。

チチワ結びができると、いろいろなときに役立つよ。

## 接続具と糸

ルアー（●→37ページ）と糸、オモリと糸も、この方法で結ぶことができる。

### 1
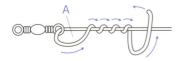
ヨリモドシのあなに糸をとおし、4～5回まきつける。

### 2
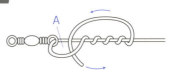
糸の先をAの輪にとおす。

### 3
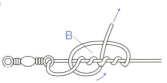
Bの輪にとおす。

### 4

糸をゆっくりとひいてしめる。

## えだハリス（●→39ページ）の結び方

えだハリスはみき糸に結びつける。みき糸は木のみきのように、ハリスの中心をなしている。

### 1
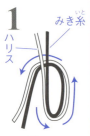
みき糸にハリスをそえて輪をつくる。

### 2

輪がずれないようにおさえて、2～3回まきつける。

### 3

ゆっくりと強くひく。

**ここが大切！**
ハリ先が上をむくように結ぶ。

えだハリスとは、木のえだのようにつけてあるハリスのことだよ。

# 穂先への結び方

## ●チチワ（→31ページ）を使った結び方

2つのチチワをつくる。

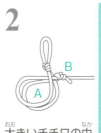

大きいチチワの中に指をいれ、クルッとまわして輪をつくる。

輪の中に穂先のヒモをとおして、道糸をひく。

道糸をひくとしまり、小さいチチワをひくと、道糸がはずれる。

## ●結び目を使った結び方

結び目をつくる。

もう1つ結び目をつくる。

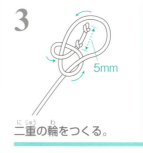

二重の輪をつくる。

輪の中に穂先のヒモをとおして道糸をひく。

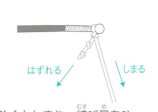

道糸をひくとしまり、結び目をひくと、道糸がはずれる。

じょうずに結べば、大きな魚がかかっても安心だよ。

# サオをふってみよう

ねらったところにしかけを落としてみよう。

しかけを思いどおりのポイントに投げいれるには、サオのふり方を覚える必要がある。のベザオやリールザオのふり方をマスターしよう。

## おくりこみ

### 1

しかけを左手で軽くもち、穂先がしなるようにひく。

穂先

### 2

穂先を軽くあげながら左手をはなすと、しかけが前方におくられる。

### 3

しかけがポイントの上にいったら、穂先をさげてしかけを水に落とす。

## 「の」の字型ふりこみ

### 1

左手でしかけをもち、右うでをのばす。

### 2
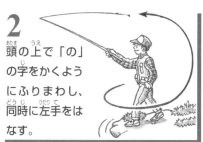

頭の上で「の」の字をかくようにふりまわし、同時に左手をはなす。

### 3

手首をきかせて、頭のななめ上から前にふりこむ。

「おくりこみ」はふり方の基本。10m以内なら、この方法で投げられるよ

# スピニングリール
## リールザオのふり方（投げづり）

サオをふってみよう

### 1
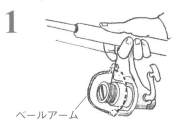
人さし指の腹に糸をかけ、ベールアームをおこす。

### 2

サオをかたの上でかまえ、右手でサオを前におしだしながら左手をひく。

### 3

サオが頭をすぎたあたりで指をはなす。

### 4

45°くらいの角度でとめる。着水したら、糸のたるみがなくなるまでハンドルをまわす。

## スピニングリール
## ルアーロッドのふり方（ルアーづり）

上の「1」で指をかけたあと、手首をきかせてふる。

①ふりあげる。
②ふりおろす。
③指をはなす。
④ルアーがとんでいく。

着水する直前に、左手でリールの前の部分をおさえて糸の出をとめ、すぐにベールアームをたおす。

---

ルアーロッドは、左手をサオじりにそえて、両手でふってもいいよ。

しっかり手入れをすれば、いつまでも使えるよ。

# 道具の手入れ

海水はつり道具をさびつかせたり、くさらせたりする。つりから帰ったら、道具の手入れをきちんとしておこう。

## ▼ サオ（ふりだしザオの場合）

### 1

サオじりのキャップをはずす。

### 2
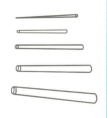
バラバラにする。

### 3

砂やよごれを水であらい流す。

### 4

よくふき、中がかわくまで風とおしのよいところでかわかす。

## ▼ リール

よごれを水であらい流す。
よくふいて、日かげでかわかす。

## ▼ しかけ

道具別に整理し、なくなったハリやオモリは買いたしておく。

手入れをしないと、リールやサオの金属のところがさびてしまうよ。

# エサとルアー

おいしそうなエサには、魚がいっぱいよってくるよ。

海づりでよく使われるエサはゴカイ・イソメ類やオキアミ・エビ類などだ。そのほか、魚を集めるためのよせエサや、魚ににせたルアーというぎじエサなども使われる。

## エサ

ゴカイ

イソメ

オキアミ

モエビ

カニ

魚の切り身（イカ、マグロ、イワシなど）

## よせエサのつくり方

冷凍のアミエビ / 海水でとかす。/ よせエサ用スプーン / バケツ

## ルアー

ミノー

メタルジグ

クランクベイト

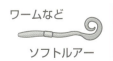
ワームなど
ソフトルアー

エサは新鮮なほうがよい。できれば、つり場の近くで買おう。

## ウキの動きでアタリをキャッチ！

# いろいろなつり方

ウキづりでは、ウキの動きをみてアタリを知ることができる。波が小さいときはぼうウキ、大きいときは玉ウキや円すいウキ、夜づりでは電気ウキを使う。

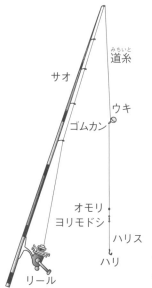

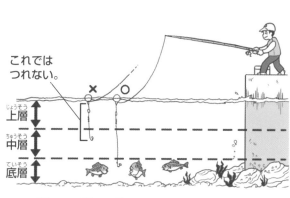

タナ（魚のいる層）は魚によってちがう。タナにあわせてウキ下（ウキから下の部分の長さ）を調節する。

## アタリの見方

アタリは魚によってさまざま。ウキに変化があったら、サオを立ててあわせる。魚の口にハリをかけるためにサオを立てることを「アワセ」という。

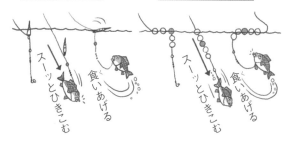

潮のぐあいや時間によってもタナがちがう。はやくタナをみつけよう。

一度にたくさんつれるから、とっても楽しいよ。

# サビキづり

防波堤で、アジ、サバ、イワシ、コノシロ、ウミタナゴなどをつるときによく使われる方法。一度に何びきもつれるので、人気のあるつり方だ。

いろいろなつり方

- ヨリモドシ
- 道糸
- スナップ
- よせエサカゴ
- サオ
- えだハリス
- みき糸
- スナップつきヨリモドシ
- オモリ
- リール

## よせエサを使うには

ヒシャクでまく。

よせエサカゴを使う。
いれすぎるとばらけない。 ×
8分目くらいいれる。 ○

## サビキづりの方法

### 1
サオを上下にふって、ばらけたよせエサの中に、しかけをいれる。

### 2
1ぴきかかってもとりこまず、そのまま何びきもねらう。

サビキづりではアワセは必要ない。軽くサオを立てればつれているよ。

39

広い海にむかって、力強くサオをふろう。

# 投げづり

少し重めのオモリをつけたしかけを遠くに投げこみ、サオに伝わる感じからアタリを知るつり方。よせエサを使わず、ハリにエサをつけてつる。

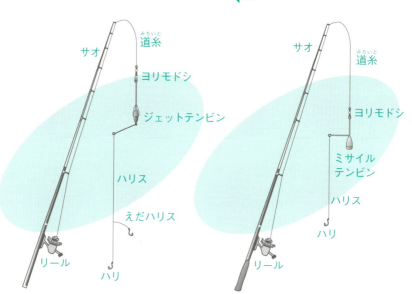

サオ／道糸／ヨリモドシ／ジェットテンビン／ハリス／えだハリス／リール／ハリ

サオ／道糸／ヨリモドシ／ミサイルテンビン／ハリス／ハリ／リール

## つり方

おきザオ

たるんでいては、アタリがわからない。

●ハゼ、シロギス、カレイなど、海底近くにいる魚をねらうには、沖いっぱいに投げ、おきザオ（数本のサオをおいたままにすること）にしてアタリをまつ。

●アタリは、穂先のゆれか、道糸にかけた指の感覚でわかる。アタリがなければ、リールを少しまいてみる。

ヨブ

投げづりは、砂浜から投げる浜づりで一般的なつり方だよ。

# しかけはかんたんだけど、アタリは直接伝わってくるよ。

## ミャクづり

ウキや目印をつけず、手に伝わる感じだけでアタリを知るつり方。アタリがわかりやすいように軽めのオモリをつけ、アイナメ、カサゴ、ハゼなどの魚をねらう。

いろいろなつり方

サオ　ハリス　かたテンビン　道糸　ハリ　かんつきオモリ

## つり方

道糸をはっておく。

- おもに底層の魚をねらう。
- アタリがなければ、しかけを少しずつ移動させたり、上下に動かしたりして、魚をさそう。
- わずかなアタリでも、すばやく小さな動作であわせる。
- 長いサオのほうが遠くをねらえて便利。

ミャクづりは、リールザオでも手ザオでもできるよ。

## サオ先のびみょうな変化に注意！

# フカセづり

ミャクづりの一種で、「糸フケ」という糸をたるませた状態でつる方法。アタリは、道糸の変化や手に伝わる感じでわかる。

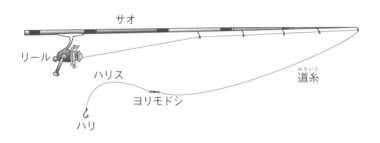

沖いっぱいに投げて、しかけを上下させ、手元にひいてくる。潮の流れにのせてもよい。

貝（イガイ）のついたかべぎわをねらい、流れにまかせて歩く。

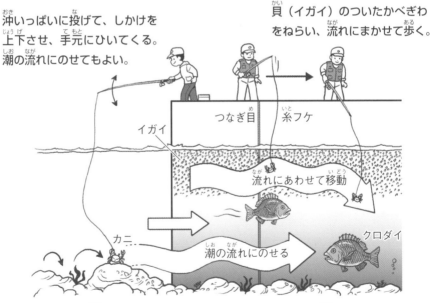

糸フケになるように、オモリは、つけないか、軽いものにする。タナをはやくみつけて、集中してねらってみる。

**!** 防波堤のはしを歩くときは、海に落ちないように注意しよう。

# ルアーフィッシングに挑戦しよう。

**ルアーフィッシング**

金属やプラスチックでできたルアーというぎじエサを使い、本物の魚や虫のように動かしてつる方法。何度もキャスティングをくりかえすので、あつかいやすいロッドを選ぼう。

**いろいろなつり方**

ルアーづりでは、サオのことを「ロッド」といい、ロッドやしかけなどの道具類全般のことを「タックル」という。

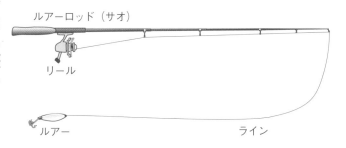

## ルアー

| | | | |
|---|---|---|---|
| **ソフトルアー** | ワーム |  | ミミズににせたソフトルアー。 |
| | グラブ |  | イモムシににせたソフトルアー。 |
| **ジグ** | メタルジグ |  | 金属製のルアー。深いところをねらう。 |
| **ミノー** | フローティングミノー |  | そのままでは水にうき、ひくとしずむ。 |
| | シンキングミノー |  | 深いところにしずめて、ひきながら動かす。 |

キャスティングとは、ロッドを使ってルアーを投げることだよ。

# ルアーのつけ方

「接続具と糸」（●→32ページ）の結び方で結んでもよい。

## 1 ラインとルアーを直接結ぶ

**1**

ゆるく1回結んでから、ラインの先をルアーのあなにとおす。

**2**

ラインの先を結び目にとおす。

**3**

もう1回ラインを結ぶ。

**4**

ゆっくりひいて、強くしめる。

## 2 接続具を使う

スナップつきヨリモドシを使うと、ルアーのとりはずしがやりやすい。

スナップをはずしてつけかえる。

### かんたんだけど、欠点もあるよ
①魚に気づかれやすい。
②はずれることがある。

フック（ハリの部分）に注意して、ルアーをつけよう。

# ワームのつけ方

1. ラインをシンカーのあなにとおす。

2. フックのあなに2回とおし、Aの輪をつくる。

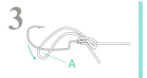

3. Aの中にフックをいれる。

4. ラインの先をひいて、強くしめる。

5. ワームの先に2〜3mmさしたら、外につきだす。

6. フックをいっぱいまでひきだし、180°回転させてワームにさす。

いろいろなつり方

# ルアーの動き

**1 フォーリング**（上から落とす）

しずむタイプのルアーを使う。

**2 リトリーブ**（リールをまいて動かす）

ゆっくりまく
はやくまく
まいたり、とめたりする

**3 ロッドワーク**（ロッドを動かす）

ルアーに動きをあたえる。

**4 ノーアクション**（何もしない）

ただうかべておくのもテクニックのひとつ。

シンカーは、ワームやグラブを使うときにとりつけるオモリだよ。

# つり日記をつけよう

つり日記をつけると、もっとつりが楽しくなるよ。

楽しかったこと、つれなくてくやしかったことなど、キミのつり人生には思い出がいっぱい。つりに役立ち、思い出に残るような日記をつけておこう。

## ぼくのつり日記（記入例）

| 年月日 | 平成26年11月2日（日） | 天気 | 晴れのちくもり | 気温 | 18〜20℃ |
|---|---|---|---|---|---|
| 場所 | 川島つり公園 | 時間 | 午前8時30分〜午後2時 | | |

| | |
|---|---|
| 対象魚 | キス、カレイ |
| つり方 | 投げづり |
| エサ | イソメ |
| しかけ | サオ2.5m　スピニングリール<br>道糸3号　ハリス1.5号 |
| よせエサ | なし |
| 費用 | 電　車　　560円<br>バ　ス　　200円<br>ジュース　220円<br>エ　サ　　500円<br>合　計　1480円 |
| いった人 | 父、兄 |
| つれた魚 | キス　7ひき（10〜20cm）<br>カレイ　1ぴき（18cm） |

防波堤の先でつった。
つり場はたいへんこんでいた。
10時30分ごろからつれだしたが、12時ごろからあまりつれなくなった。
お父さんは13びき、お兄さんは9ひきつった。

写真をはったり、ポイントの図をかいたりする。

つり日記に写真をはっておくと、いい思い出になるよ。

カメラテクニックで魚を大きくみせちゃおう！

# つった魚の写真をとろう

思い出を記録に残すにはカメラがいちばん。大きな魚をつったことを口で説明しても、なかなか信じてもらえない。でも、写真があればだいじょうぶ。

## 写真さつえいのテクニック

### 草の上に魚をおく

白っぽいものやコンクリートの上におくと、魚の色が黒くうつってしまう。

### 写真に日づけをいれる

日づけがいれられるなら、かならずいれよう。

### 何かといっしょにとる

ジュースの缶やメジャーなど、長さがわかりやすいものをそばにおく。

### 体の前に魚をつきだす

うでをのばしてとると、実際よりも大きくみえる。ちょっとずるい方法かな？

カメラを魚に近づけすぎると、写真がボヤケてしまうよ。

# 魚をもちかえろう

いたみやすい魚をじょうずにもちかえろう。

クーラーボックスは魚をもちかえるためのもの。でかけるときにはおべんとうやジュースをいれ、帰りにはつった魚をいれよう。

## クーラーボックスにいれるもの

### でかけるとき

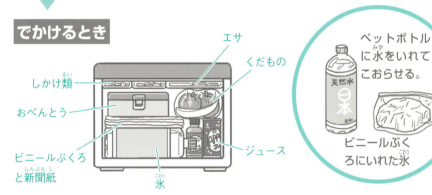

ラベル：しかけ類、おべんとう、ビニールぶくろと新聞紙、エサ、くだもの、ジュース、氷

ペットボトルに水をいれてこおらせる。
ビニールぶくろにいれた氷

### 魚がつれたら

ラベル：新聞紙、氷、保冷剤

暑い日は、つったらすぐに海水と氷のはいったクーラーボックスにいれる。海水をいれると温度がさがり、魚の身がしまる。帰るときは、大きな魚は新聞紙にくるんで、ビニールぶくろにいれる。氷がたりなければコンビニなどで買って、図のようにいれる。保冷剤があると何度も使えて便利。

### 大きな魚は「野じめ」にする
※ケガに注意

ラベル：尾ビレのつけね、ナイフ、エラブタの上、魚体をまげて血をしぼりだす。

食べない魚は、つったらすぐにリリースしよう。

れができれば、おいしいサシミだってつくれるよ。

# 魚のさばき方

料理をつくる前には、ウロコやハラワタをとるなどの下ごしらえが必要。手でさわるといたみやすくなるので、手ばやくやろう。

魚のさばき方

## 下ごしらえ

**1** 砂や血をあらい流す。

**2** ウロコをとる。ウロコとりを使ってもよい。

**3** ハラワタをとる。腹をさいて、ほうちょうと指でとる。

**4** 頭をおとす。エラブタにそって切りおとす。

このあと、三まいにおろしてサシミにしたり、ぶつ切りにして煮物をつくったりする。

## 小魚の手開き（イワシなど）

**1** 手でおって、頭をとる。

**2** 腹に親指をいれてさく。

**3** 中骨の下に親指をいれてしごく。

**4** 中骨をとる。

 ほうちょうでケガをしないように注意。家の人のいるところでやろう。

# おいしく食べよう

つりたては新鮮だから、おいしい料理ができるね。

海の魚は、煮ても、焼いても、生でも、おいしく食べられるものが多い。魚を食べるのも、つりの楽しみのひとつだ。

| 魚 | さしみ | たたき | 酢の物 | フライ | 天ぷら | 焼き物 | 煮物 | 鍋料理 | 汁物 | 干物 | ほか |
|---|---|---|---|---|---|---|---|---|---|---|---|
| アイナメ | | | | ● | ● | ● | ● | ● | | | |
| アジ | ● | ● | ● | ● | ● | ● | | | | ● | 南蛮漬け |
| アナゴ | | | | ● | ● | | | | | | |
| イシダイ | ● | | | | | ● | ● | | | | |
| イワシ | ● | ● | ● | ● | ● | ● | | | | ● | 南蛮漬け |
| ウミタナゴ | | | | | | | | | | | |
| カサゴ | ● | | | ● | ● | ● | ● | ● | | | |
| カレイ | ● | | | | | | | | | | |
| カワハギ | | | | | | | ● | ● | | | |
| クロダイ | ● | | | ● | | ● | ● | | ● | | あらい |
| サッパ | | | ● | | ● | | | | | | |
| サバ | ● | ● | ● | ● | ● | ● | | | | ● | 南蛮漬け |
| サヨリ | ● | | | | | | | | ● | ● | |
| シロギス | ● | | | ● | ● | ● | | | | | |
| スズキ | ● | | | | | | | | | | あらい |
| ハゼ | | | | ● | ● | | | | | | 甘露煮 |
| ボラ | ● | | | | | ● | | ● | | | 味噌漬け |
| メゴチ | | | | | ● | | | | | | |
| メジナ | ● | | | ● | | ● | ● | | | | |
| メバル | ● | | | | | | ● | ● | | | |
| ワタリガニ | | | ● | | | | ● | | ● | | 塩ゆで |

フグをもちかえっても、毒があるから食べられないよ。

# つりに でかけよう

## 魚のひみつ

### 魚の体はどうなっている？

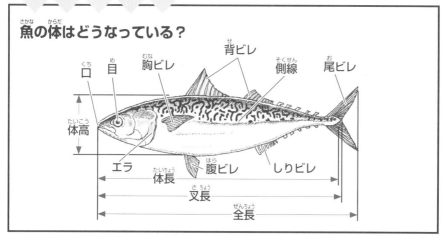

# だれにでもつれる魚は、防波堤づりでは大人気。
# アジ（マアジ）、サバ（マサバ）、イワシ（マイワシ）

- つり方：サビキづり、ウキづり
- シーズン　1　2　3　4　5　**6　7　8　9　10**　11　12

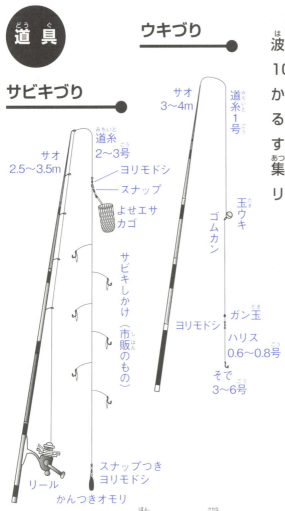

### 道具

**サビキづり**
- サオ 2.5〜3.5m
- 道糸 2〜3号
- ヨリモドシ
- スナップ
- よせエサカゴ
- サビキしかけ（市販のもの）
- リール
- スナップつきヨリモドシ
- かんつきオモリ

**ウキづり**
- サオ 3〜4m
- 道糸1号
- 玉ウキ
- ゴムカン
- ヨリモドシ
- ガン玉
- ハリス 0.6〜0.8号
- そで 3〜6号

サビキしかけには、6〜7本のハリに、魚の皮などでできたぎじエサがついている。

これらの魚は日本各地の防波堤などでつることができ、10cmくらいの小物がよくかかる。むれをつくって回遊するため、サビキづりでつりやすい。よせエサでうまく魚を集められれば、つぎつぎにハリにかかってくる。

### エサ

よせエサは冷凍のアミエビ。ウキづりでハリにつけるエサは、小型のオキアミを使う。

オキアミ

イカ・サバの切り身

イソメ

アジは口が弱い魚なので、強くあわせると口が切れてしまうよ。

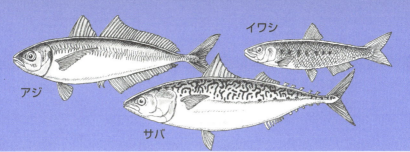

アジ
イワシ
サバ

## ポイント

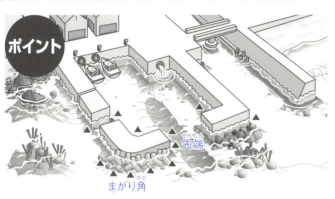

先端
まがり角

- 潮どおし（潮の流れのようす）がよく、深さのある防波堤の角や先端がポイント。
- 朝夕の満潮時によくつれる。
- アジは海底近く、サバとイワシは中層を泳いでいる。

## つりテク

### サビキづり

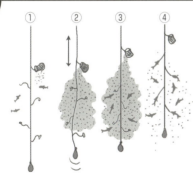

① ② ③ ④

① タナ（魚がいる層）によせエサカゴをとめる。
② サオを上下にふって、よせエサをちらす。
③ リールをまいて、よせエサの中にしかけをいれる。
④ 数ひきかかってから、サオをあげる。

### ウキづり

① 潮の流れの上流に、少しずつよせエサをまく。
② よせエサの中にしかけをいれる。

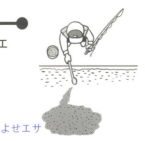

よせエサ

よせエサを一度にたくさんまくと、魚がおどろいて、にげてしまうよ。

防波堤の人気者は、初心者でもつりやすい魚だよ。

# ハゼ（カワギス、イーブー）

● つり方：ウキづり、ミャクづり、投げづり
● シーズン ① ② ③ ④ ⑤ ⑥ **⑦** **⑧** **⑨** **⑩** ⑪ ⑫

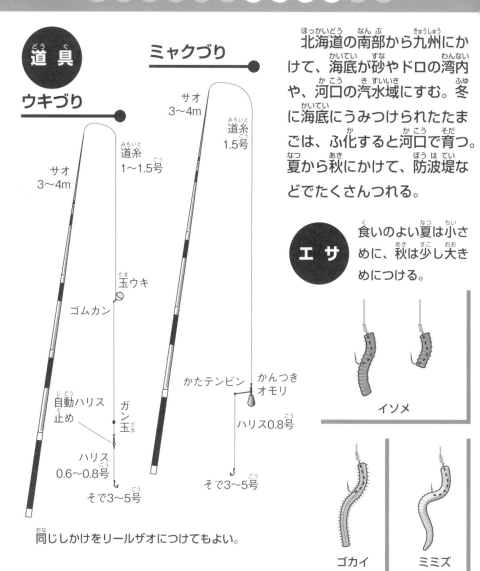

北海道の南部から九州にかけて、海底が砂やドロの湾内や、河口の汽水域にすむ。冬に海底にうみつけられたたまごは、ふ化すると河口で育つ。夏から秋にかけて、防波堤などでたくさんつれる。

**エサ** 食いのよい夏は小さめに、秋は少し大きめにつける。

イソメ / ゴカイ / ミミズ

汽水域とは、川の水と海の水のいりまじる河口あたりのこと。

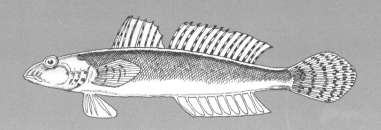

### ポイント

- 河口から防波堤あたりの浅瀬でつれる。
- 寒くなるにつれて、深場に移動する。
- 潮の動きがあるときにエサをよく追うので、満潮・干潮の時刻を調べてから、つりにでかけよう。

### つりテク

#### ウキづり

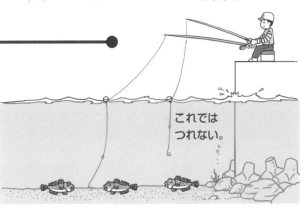

ウキ下を調節して、エサが海底につくようにする。アタリがあったら、サオを軽く立ててあわせる。

これではつれない。

#### ミャクづり

しかけを投げいれたら、糸をはる。アタリがなければ、しかけを移動させる。サオを上げ下げして、ハゼをさそってもよい。

秋になるとハゼのすみかは深場へ移るので、投げづりでつろう。

防波堤の忍者。根がかりに注意してつろう。

# アイナメ（アブラメ、アブラコ）

- つり方：ブラクリづり、ミャクづり
- シーズン　1　2　3　4　5　6　7　8　9　10　11　12

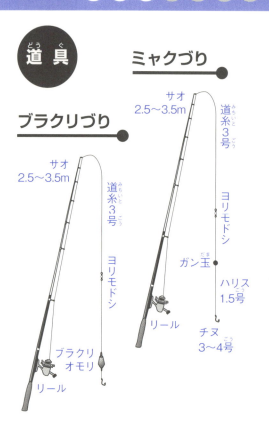

体はこげ茶色のものが多いが、すんでいる場所によっては、体の色がちがう。けいかい心が強く、岩の間や海草のかげにかくれている。ゆらゆらと落ちてくるエサにとびつくが、口から一度はきだして、安全をたしかめてから食べる。

## ブラクリづりとは…

オモリにハリのついたブラクリオモリを使うつりのこと。ぴょんぴょんとはねるオモリ（赤いものが多い）が、アイナメのきょうみをさそう。

3cmくらいに切り、2cmくらいたらす。

イソメ

モエビ

サンマの切り身

アサリ

アイナメには耳の役目をする側線が5本もある。音に敏感な魚だね。

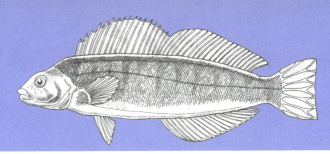

### ポイント

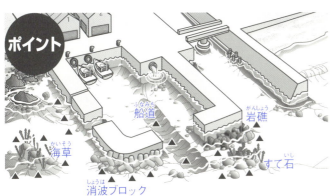

船道　岩礁　海草　すて石　消波ブロック

● 岩や消波ブロック、すて石などの障害物のまわりがよいポイント。
● 塩分の少ない河口近くでも、よくつれる。

### つりテク

**ミャクづり**

ゆっくりゆれながらしずむように、軽いオモリをつける。根がかりが多いので、しかけを多めに用意する。

**ブラクリづり**

沖のほうにしかけをふりこみ、サオをしゃくって魚をさそう。

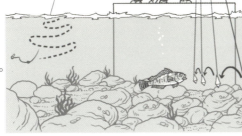

エサがゆらゆらと落ちるようにしずめる。

ズルズルとひくと根がかりをしてしまう。

### アワセ

最初はがまんして、二度目のアタリであわせる。うでを使わず、手首でしっかりとあわせる。大きくはねあげると、ハリがはずれてしまう。

 1ぴきつれたら、同じポイントを何度もねらってみよう。

ウミタナゴはおちょぼ口。エサを小さくつけるのがコツ。

# ウミタナゴ

● つり方：ウキづり

● シーズン 1 ② ③ ④ ⑤ ⑥ ⑦ 8 9 10 11 12

**道具** ウキづり

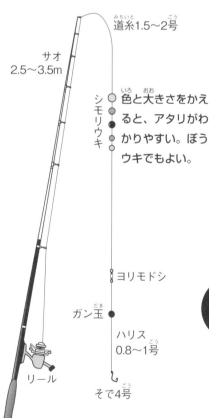

サオ 2.5〜3.5m
道糸 1.5〜2号
シモリウキ — 色と大きさをかえると、アタリがわかりやすい。ぼうウキでもよい。
ヨリモドシ
ガン玉
ハリス 0.8〜1号
そで4号
リール

潮どおしがよく海草のしげった岩場にすんでいて、日本各地の防波堤でつることができる。体の色は、赤みがかった色や銀色をしている。親の体の中でたまごからかえり、5cmくらいに成長したころにうまれてくる。

**シモリウキのとめ方**

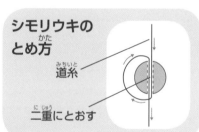

道糸
二重にとおす

**エサ** 小さくつけるのがコツ

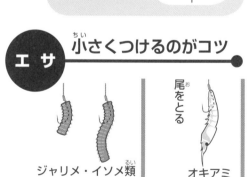

ジャリメ・イソメ類
尾をとる
オキアミ

ハリ・エサは小さく、ハリスは細くする。ジャリメ・イソメ類は少したらしてつける。

ウキのあなにようじをさして、固定してもいいよ。

58

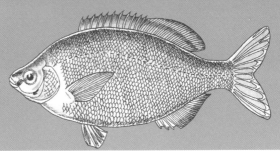

**ポイント**

- 岩礁や海草の多いところをむれで泳いでいるので、よせエサを使うとよい。
- 潮がにごっているとき（波があれぎみのとき）は近くを、潮がすんでいるとき（海が静かなとき）は遠くをねらう。

**つりテク**

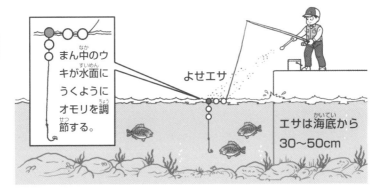

まん中のウキが水面にうくようにオモリを調節する。

よせエサ

エサは海底から30〜50cm

**アタリ**

アタリには、軽くサオを立ててあわせる。

**ひきこみ**

ウキが水中にひきこまれてからあわせる。

**食いあげ**

ウキがういてきたり、横にたおれたりしたらあわせる。

「食いあげ」とは魚がハリをのみこんで、水面にあがってくることなんだ。

こわい顔の魚が岩場にひそんでいるよ。

# カサゴ（ガシラ、アラカブ）

- つり方：ミャクづり、ルアーづり
- シーズン　1　2　3　4　5　6　7　8　9　10　11　12

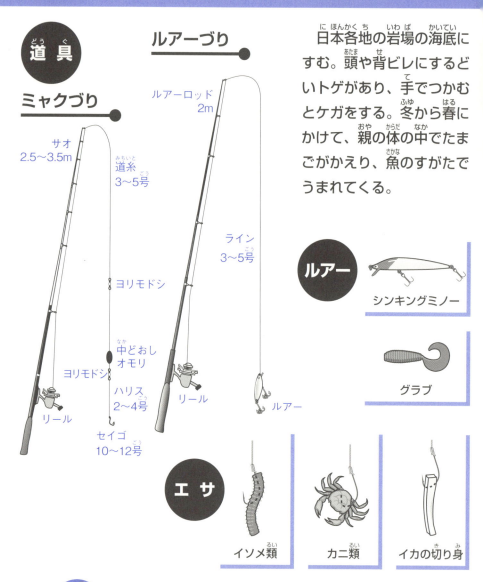

日本各地の岩場の海底にすむ。頭や背ビレにするどいトゲがあり、手でつかむとケガをする。冬から春にかけて、親の体の中でたまごがかえり、魚のすがたでうまれてくる。

トゲに注意。親指をカサゴの口にいれ、下あごをもつと安全だよ。

**ポイント**

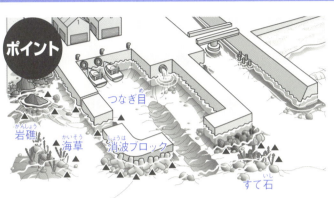

岩礁　海草　消波ブロック　つなぎ目　すて石

● いそや岩礁などの岩場にはいるが、砂地にはいない。
● 岩場にすみつく魚なので、干潮のときのほうがつりやすい。

**つりテク**

**ミャクづり**

道糸をはり、根がかりに注意してさぐる。

小さなアタリのあとに大きなアタリがくる。

● すばやくサオを立ててとりこむ。
● おくれると岩の間にはいってしまう。

**猛毒に注意**

カサゴをねらっているとつれることがある。

ミノカサゴ

ハオコゼ

ヒレなどに猛毒のトゲをもっているのできけん。さされると、体全体がしびれる。

アタリがないときは、つぎつぎと場所をかえてねらってみよう。

大きくなるにつれて目が移動するユニークな魚。

# カレイ（マコガレイ、イシガレイなど）

- つり方：投げづり
- シーズン ①②③ 4 5 6 7 8 9 10 ⑪⑫

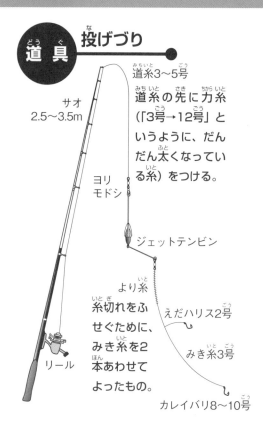

**道具** 投げづり

- サオ 2.5～3.5m
- 道糸3～5号
- 道糸の先に力糸（「3号→12号」というように、だんだん太くなっている糸）をつける。
- ヨリモドシ
- ジェットテンビン
- より糸　糸切れをふせぐために、みき糸を2本あわせてよったもの。
- えだハリス2号
- みき糸3号
- カレイバリ8～10号
- リール

カレイの種類は多いが、よくつれるのはマコガレイやイシガレイで、日本各地の砂やドロの海底にすんでいる。ゴカイ、カニ、貝などを食べる。うまれたときは両側に目があるが、成長するにつれて右側に移動する特徴をもつ。

**エサ** エサの大きさは魚の大きさにあわせる。

2～3びきをふさがけにすると大きくみえる。

イソメ・ゴカイ

アサリ

エビ

**ハリはずし**

- ハリはのどのおくにのみこまれていることが多い。
- ハリはずしをハリにかけてはずす。

「左ヒラメに右カレイ」といわれ、腹を下にすると、カレイの頭は右にくるよ。

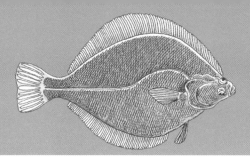

## ポイント

ヨブ
船道
河口
岩礁
海草
消波ブロック
潮の流れ
潮の流れ

- 底が砂地か、砂地に岩や海草などがちらばっているところにいる。
- 潮と潮がぶつかって、ふくざつな流れになっているところをねらう。

## つりテク

道糸をはっておくと、アタリがよくわかる。

ときどきリールをまいてエサを動かす。
2〜3本をおきザオにしてつってみる。

## アタリ / アワセ

カレイの口は小さいので、アタリがあっても、すぐにあわせないこと。少しまち、しっかりエサをのみこませてからあわせよう。

ハリをのみこむと、カレイは抵抗しなくなる。道糸がゆるんだように感じるが、そうなってからあわせればよい。

おきザオにするときは、きょりをかえて投げこもう。

# おちょぼ口のエサとり名人。
## カワハギ（ハゲ、バクチウチ）

- つり方：ミャクづり
- シーズン　1　2　3　4　5　⑥　⑦　⑧　⑨　⑩　11　12

### 道具：ミャクづり

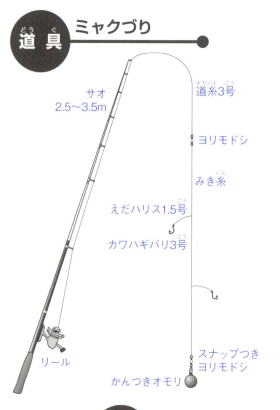

- サオ 2.5〜3.5m
- 道糸3号
- ヨリモドシ
- みき糸
- えだハリス1.5号
- カワハギバリ3号
- リール
- かんつきオモリ
- スナップつきヨリモドシ

本州から南の海底が岩礁のところにすんでいる。気づかないうちにエサがとられてしまうので、「エサとり名人」とよばれる。ザラザラとした皮がかんたんにはげることから、カワハギの名がうまれた。

### エサ

イソメ・ゴカイ類

アサリ

### ポイント

潮の流れのおそいところの海底から50cmくらいのタナをねらう。

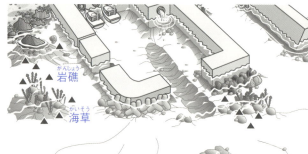

岩礁　海草

アタリがなくてもサオをあげる「空アワセ」をすると、つれることがあるよ。

シマダイはイシダイの子ども。名前のとおりシマもようだね。

# イシダイ（シマダイ）

- つり方：フカセづり
- シーズン ① ② ③ ④ ⑤ ⑥ ⑦ ⑧ ⑨ ⑩ ⑪ ⑫

## 道具 — フカセづり

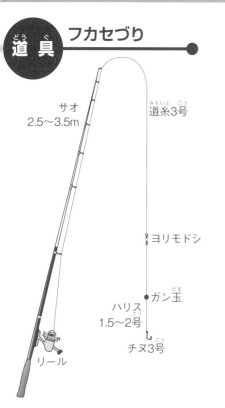

- サオ 2.5〜3.5m
- 道糸3号
- ヨリモドシ
- ガン玉
- ハリス 1.5〜2号
- チヌ3号
- リール

強いひきが人気のイシダイは、「いその王様」といわれている。いそや防波堤近くの岩場を回遊し、貝やエビ・カニ類を、強い歯でかみくだいて食べる。防波堤でねらえるのは、おもにイシダイの子どものシマダイ。

## エサ

カニ

イセエビやサザエ、アワビなどでもつれる。

イソメ

## ポイント

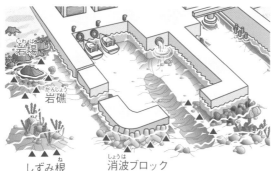

岩場／岩礁／しずみ根／消波ブロック

- 潮の流れのある防波堤がつりやすい。
- しずみ根や船道のカケアガリ、消波ブロックのまわりなどをねらう。

岩に潮の流れがぶつかっているようなところがポイントだよ。

スマートなシロギスは人気者（にんきもの）。でも、メゴチは…。

# シロギス（キスゴ）、メゴチ

- つり方（かた）：投（な）げづり
- シーズン ① ② ③ ④ ⑤ ⑥ ⑦ ⑧ ⑨ ⑩ ⑪ ⑫

## 道具（どうぐ） 投（な）げづり

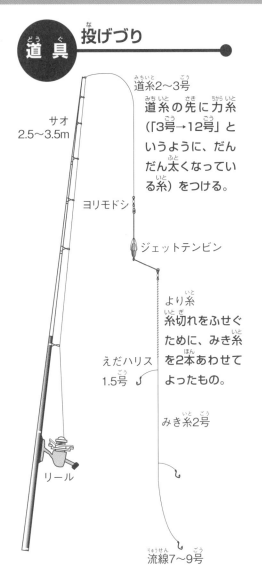

サオ 2.5〜3.5m

道糸（みちいと）2〜3号（ごう）

道糸（みちいと）の先（さき）に力糸（ちからいと）（「3号→12号」というように、だんだん太（ふと）くなっている糸（いと））をつける。

ヨリモドシ

ジェットテンビン

より糸（いと）
糸切（いとぎ）れをふせぐために、みき糸（いと）を2本（ほん）あわせてよったもの。

えだハリス 1.5号（ごう）

みき糸（いと）2号（ごう）

リール

流線（りゅうせん）7〜9号（ごう）

シロギスは水（みず）のきれいな湾内（わんない）や、海底（かいてい）が砂地（すなじ）のところにすむ。美（うつく）しい体（からだ）と料理（りょうり）したときのおいしさから人気（にんき）がある。メゴチもシロギスと同（おな）じような場所（ばしょ）にすむが、頭（あたま）のうしろのトゲとヌルヌルする体（からだ）、みための悪（わる）さのため、外道（げどう）としてきらわれている。ただし、料理（りょうり）をすれば、シロギスに負（ま）けないほどおいしい。

## エサ

頭（あたま）のないものを2〜3cmくらいたらす。

食（く）いのよいときは頭（あたま）もつける。

イソメ・ゴカイ類（るい）

「外道（げどう）」とは、ねらった魚（さかな）以外（いがい）につれた魚（さかな）。メゴチはシロギスつりの外道（げどう）。

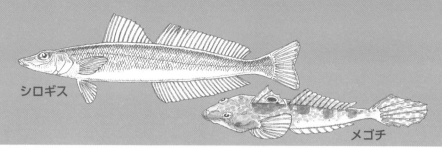

## ポイント

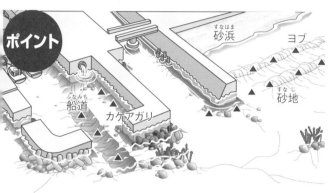

- ヨブにはエサが集まりやすいため、魚も多く集まってくる。
- 船道のカケアガリ（深いところからだんだん浅くなっているしゃ面）はよいポイント。

## つりテク

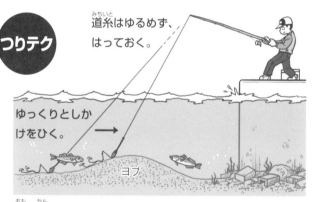

道糸はゆるめず、はっておく。

ゆっくりとしかけをひく。

重く感じるところがヨブ。ここでしばらくアタリをまつ。

### アワセ

ブルブルとアタリがあったら、軽くサオを立ててあわせる。強くあわせると、シロギスの口が切れてしまう。

## メゴチがつれたらどうする？

頭のうしろのトゲに注意。

メゴチバサミ

ハリはずし

メゴチバサミで体をつかみ、ハリはずしを使ってハリをはずす。

投げづりをするときは、まわりの人や通過する船に注意すること。

スラリとした魚体、青白い色。サヨリは魚の王子様。

# サヨリ（ハリウオ、カンヌキ）

- つり方：ウキづり
- シーズン　1　2　3　4　5　6　7　8　9　10　11　12

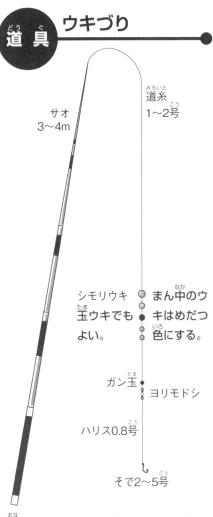

**道具** ウキづり

サオ 3〜4m
道糸 1〜2号
シモリウキ 玉ウキでもよい。
まん中のウキはめだつ色にする。
ガン玉
ヨリモドシ
ハリス0.8号
そで2〜5号

同じしかけをリールザオにつけてもよい。

日本各地の沿岸にすむ。長い下アゴをもち、赤い口をあけて水面近くを泳ぎ、プランクトンや魚などを食べる。たいへんおくびょうな魚で、よせエサやしかけを投げるだけでもにげだす。

**エサ**

①ハンペンにストローをつきさす。

②ストローをふいてだす。

ハンペン

オキアミの身

ねりエサ

水面近くを泳ぐので、ウキ下をうまく調節しよう。

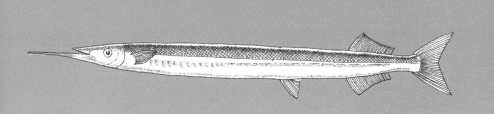

## ポイント

- 防波堤の先端の潮どおしのよいところがポイント。潮がぶつかったりして、流れに変化のあるところをねらうとよい。
- 冷凍のアミエビやイワシのミンチを水でといて、よせエサにする。

## つりテク

タナをはやくみつけて、ウキ下を調節。

まん中のウキを水面までだす。

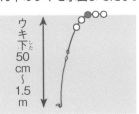

### アタリ

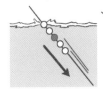

ウキがひきこまれたり、横に走ったりする。

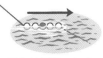

アタリがあったら、すばやくあわせる。

## こんなしかけをためしてみよう！

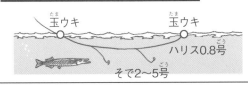

ウキとウキの間にハリをつけ、水面の近くでつる。
サヨリが水面スレスレにいるときにためすとよい。

いたみがはやい魚なので、つったらすぐにクーラーボックスにいれよう。

# メバル（メバリ、ハチメ、ハツメ）

パッチリとした大きな目だからメバル。

- つり方：ウキづり、フカセづり、ルアーづり
- シーズン　1　2　3　4　5　6　7　8　9　10　11　12

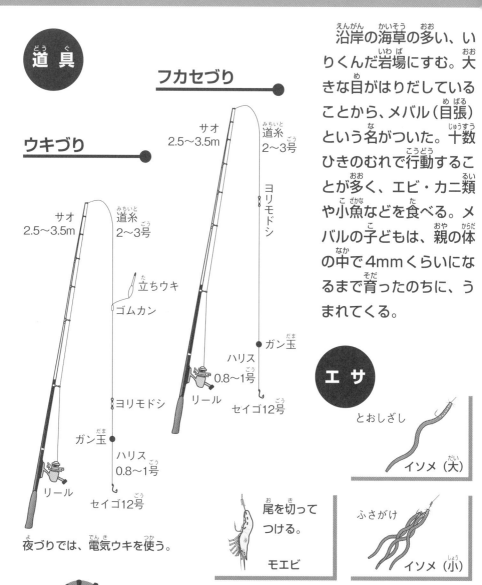

沿岸の海草の多い、いりくんだ岩場にすむ。大きな目がはりだしていることから、メバル（目張）という名がついた。十数ひきのむれで行動することが多く、エビ・カニ類や小魚などを食べる。メバルの子どもは、親の体の中で4mmくらいになるまで育ったのちに、うまれてくる。

メバルはとても目がいい魚。ハリスはできるだけ細くしよう。

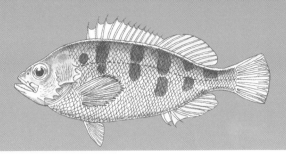

- ナギ（波がないこと）の日や潮が少しにごった日によくつれる。
- 昼間は岩の間、夜はプランクトンを追って上層にいる。

## つりテク

### フカセづり

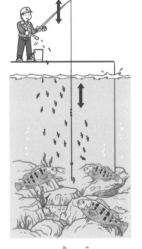

しかけを上げ下げして、魚をさそう。

### ウキづり

よせエサ

タナをあわせ、潮にのせて流す。

よせエサをまき、魚を集めるとつりやすい。

### ルアーづり

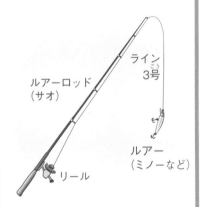

ルアーロッド（サオ）　ライン3号　リール　ルアー（ミノーなど）

**シンキングミノーの場合**
- ねらう深さまでルアーをしずめ、ゆっくりとリトリーブする。
- ルアーがしずんでいくときのアタリには、注意してあわせる。

リトリーブとは、リールでラインをまきとりながらルアーを動かすこと。

お正月料理にはかかせない魚。

# コノシロ（コハダ、ツナシ、シンコ）、サッパ（ママカリ、キイワシ、ギッパ）

- つり方：サビキづり、ウキづり
- シーズン　1　2　3　4　5　6　7　8　9　10　11　12

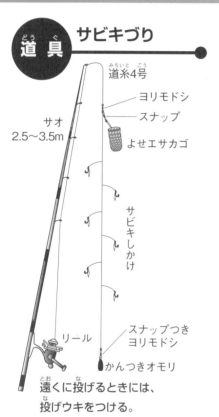

**道具** サビキづり

道糸4号
ヨリモドシ
スナップ
よせエサカゴ
サオ 2.5～3.5m
サビキしかけ
リール
スナップつきヨリモドシ
かんつきオモリ

遠くに投げるときには、投げウキをつける。

コノシロは中部地方から南の湾内にすむ。シンコ、コハダ、コノシロと大きくなるにつれて名前がかわる出世魚で、25cmくらいまで成長する。背ビレのうしろが長くのびているのが特徴。すしで食べられるコハダは、コノシロの子どもを酢でしめたもの。

サッパは北海道から南の海底が砂やドロのところにすむ。全長は15cmくらいと小さい。瀬戸内地方では、サッパの酢漬け料理はマンマ（ごはん）をかりにいくほどおいしいことから、ママカリとよばれている。

**エサ**

サビキづり用（よせエサ）
冷凍のアミエビ

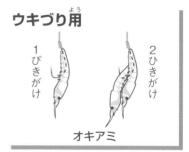

ウキづり用
1ぴきがけ
2ひきがけ
オキアミ

同じしかけでアジやボラがつれることもあるよ。

コノシロ　サッパ

### ポイント

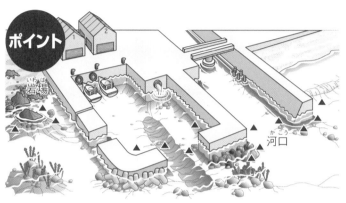

【サッパ】冬場は深いところにいるが、ほかの季節は、湾内や河口近くの砂がまじった岩場がポイント。
【コノシロ】湾内から河口の汽水域にかけて、むれをつくって回遊している。

### つりテク

よせエサを使うが、アタリがあっても、あわせる必要はない。むれで泳いでいるので、つぎつぎにハリにかかる。

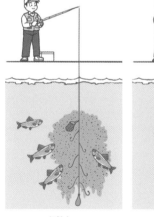
①タナの中心でよせエサをちらす。

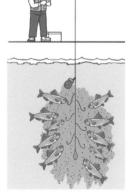
②しかけをよせエサの中にいれ、ゆっくりと上下させる。

### よせエサのいれ方

〇 × いれすぎ

8分目くらいいれる。

河口に近い漁港の防波堤をねらってみよう。

「イサキはタナをつれ」といわれているよ。

# イサキ（イサギ、イッサキ）

● つり方：ウキづり、サビキづり
● シーズン　1　2　3　4　5　6　7　8　9　10　11　12

本州から南のいそ、潮どおしのよい岩場や海草まわりにすむ。5〜8月ごろの産卵の時期は、浅場にむれで移動してくるため、防波堤などでよくつれる。

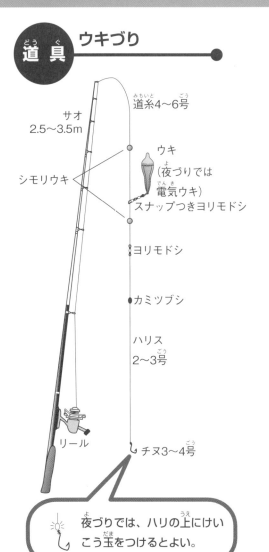

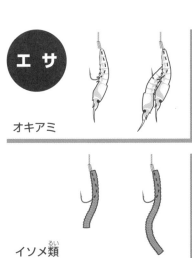

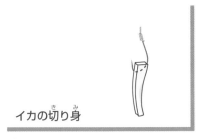

夜づりでは、ハリの上にけいこう玉をつけるとよい。

イサキがつれたら、すぐにクーラーボックスにいれないといたんでしまう。

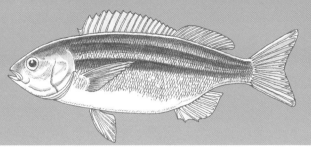

**ポイント**

- 潮どおしのよい岩場あたりをむれで回遊している。
- イサキは目がよいので、くもりの日か夜のつりがむいている。

**つりテク**

ウキに動きがあったら、軽くサオを立てる。イサキのあごは弱いので、強くあわせない。

潮の流れに注意して、よせエサをまく。

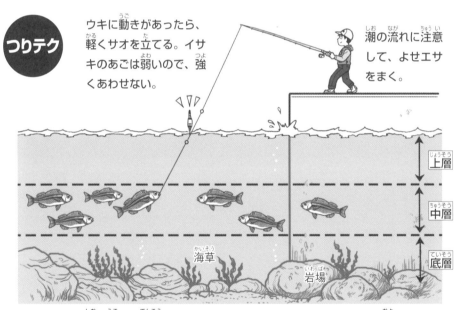

- 潮の動きや天候でタナがかわる。タナをみつければ、むれで泳いでいるのでどんどんつれる。
- 昼につるなら底層、くもりの日や夜は中層や上層をねらう。

よせエサをまくには、よせエサカゴかヒシャクを使おう。

小メジナでも、ひきは強烈だ！

# メジナ（クシロ、グレ、クロイオ）

- つり方：ウキづり
- シーズン　1　2　3　4　5　6　7　8　**9**　**10**　**11**　**12**

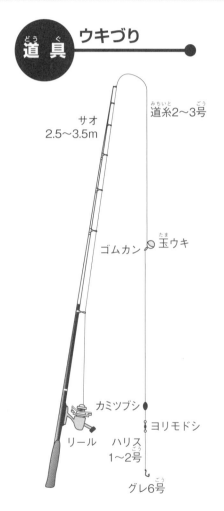

### 道具　ウキづり

- サオ 2.5〜3.5m
- 道糸2〜3号
- ゴムカン
- 玉ウキ
- カミツブシ
- ヨリモドシ
- ハリス 1〜2号
- グレ6号
- リール

潮の流れの強い全国各地の岩場にすむ。いそづりが中心の魚だが、20cmくらいまでの小メジナは防波堤でもつれる。夏から秋にかけてはエビやカニを食べ、冬から春にかけてはノリなどの海草を食べている。

### エサ

配合エサ、冷凍のアミエビなどを海水でとく。

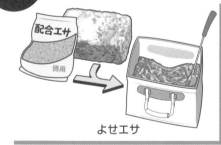

よせエサ

イソメ

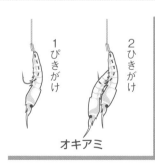

1ぴきがけ　2ひきがけ

オキアミ

小メジナでも力は強く、太めの糸でないとしかけが切れるよ。

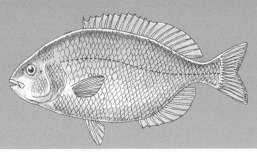

## ポイント

サラシ場：岩に波があたり、くだけた波が白くなっているようなところ。

- サラシ場では、アワの消えるところ、潮が集まり、うずをまいているところをねらう。
- よせエサは、ポイントに流れていくようにまく。
- 水温が上昇しているときがよくつれる。

## つりテク

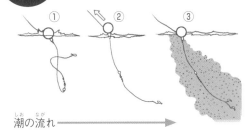

潮の流れ →

① しかけをねらったところに投げいれる。
② ウキを少しひいて、しかけをまっすぐにする。
③ しかけをひきぎみにして、よせエサの中に、つねにエサがあるように流す。

### アタリ

ウキが動き、大きくひきこまれる。小メジナでもアタリは大きく、いっきにウキが水中に消える。

### アワセ

サオを立ててするどくあわせたら、しかけをポイントからはずす。そうすれば、ほかの魚をおどろかせることがない。

 手のひらより小さいメジナは、すぐにリリースしよう。

おとなに人気のクロダイに挑戦してみよう。

# クロダイ（チヌ、チン）

●つり方：フカセづり、ウキづり
●シーズン　1　2　3　4　5　6　**7**　8　**9**　10　11　12

## 道具

### フカセづり
### ウキづり

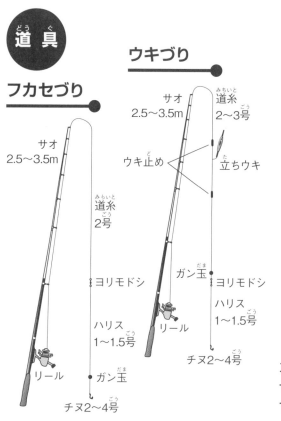

底が砂やドロ、岩場になっている全国の海にすみ、カニ、エビ、貝を主食にしている。大きさによってよび名がかわり、10cmくらいの小魚をチンチン、20cmほどのものをカイズという。クロダイは、けいかい心とこうき心の強い、りこうな魚だ。

## エサ

スイカやミカン、サツマイモなどでもつれる。

イガイ

小型のカニ類

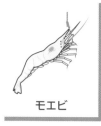
モエビ

オキアミ

イソメ類

大きさによってよび名がかわる魚を「出世魚」というんだ。

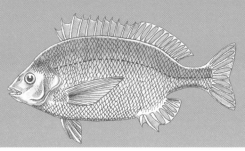

## ポイント

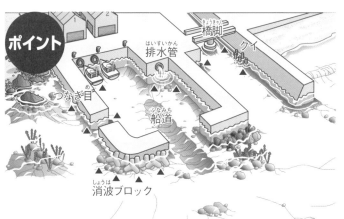

- ウキづりではよせエサが必要。
- くもりの日で、潮が少しにごったときがよい。
- イガイのついた防波堤のかべや、排水管近くがよくつれる。

## つりテク

### ウキづり

エサは底スレスレ。

### フカセづり

糸をたるませながら、流れにしたがって歩く。

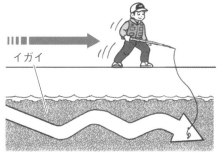

イガイのついたかべぎわをねらう。

## アタリ

アタリがあると、こんな変化が糸にみられる。
- 糸がはる。
- 糸フケが大きくなる。
- 糸がふるえる。
- 糸が左右に走る。

「糸フケ」とは、潮の流れやアタリによって、道糸がたるんでいる状態だよ。

アタリは弱いが、強いファイトをもっている魚だ。

# ボラ（スバシリ）

- つり方：ウキづり、ルアーづり
- シーズン ① ② ③ ④ ⑤ **⑥ ⑦ ⑧ ⑨ ⑩** ⑪ ⑫

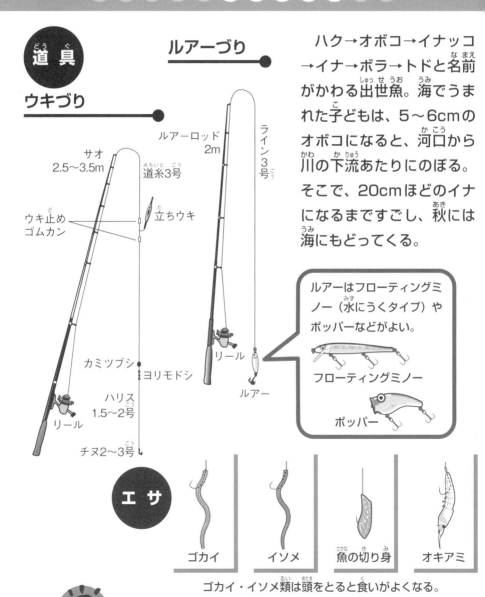

ハク→オボコ→イナッコ→イナ→ボラ→トドと名前がかわる出世魚。海でうまれた子どもは、5〜6cmのオボコになると、河口から川の下流あたりにのぼる。そこで、20cmほどのイナになるまですごし、秋には海にもどってくる。

ゴカイ・イソメ類は頭をとると食いがよくなる。

長崎の名産「カラスミ」は、ボラの卵巣を加工したものだよ。

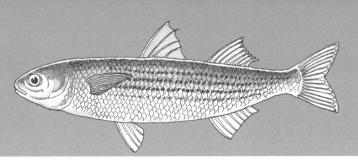

## ポイント

- 満潮の前後、くもりの日によくつれる。
- 湾内や河口の汽水域の中層や上層をねらうとよい。
- 初夏のころには、護岸のすて石や橋脚のまわりで、よくつれる。

## つりテク

### ウキづり

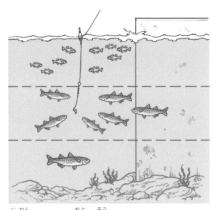

時間によって泳ぐ層がかわるので、アタリがない場合はウキ下を調節して、タナをさがす。大型になるほど、むれの下のほうを泳ぐことが多い。

### アタリ

少しでもウキに変化があったら、あわせてみる。
小さなアタリ……ウキがコツン、コツンと何度かくりかえしひかれる。
大きなアタリ……ウキがいっきに水中にひきこまれる。

### ルアーづり

投げたあと、海面をひいてくる。

アタリがなくても、サオをあげると、つれていることがあるよ。

ルアーづりで人気の海のバス、シーバスにチャレンジ。

# スズキ（セイゴ、フッコ）

- つり方：ウキづり、ルアーづり
- シーズン　1　2　3　4　5　6　7　8　**9**　**10**　**11**　12

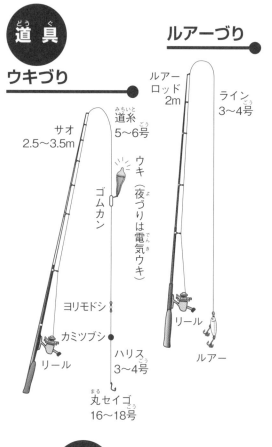

**道具**

**ウキづり**
- サオ 2.5〜3.5m
- 道糸 5〜6号
- ウキ（夜づりは電気ウキ）
- ゴムカン
- ヨリモドシ
- カミツブシ
- リール
- ハリス 3〜4号
- 丸セイゴ 16〜18号

**ルアーづり**
- ルアーロッド 2m
- ライン 3〜4号
- リール
- ルアー

**エサ**
- 1ぴきがけ
- ふさがけ
- イソメ

北海道から南の沿岸部にすみ、湾内や河口の汽水域でつれる。出世魚として知られ、1年魚をセイゴ、3年魚をフッコ（ハネ）、4年魚をスズキとよぶ。ルアーづりでは、シーバス（海のバス）として大人気。

**ルアー**

フローティングミノー

シンキングミノー

バイブレーション

メタルジグ

スズキのエラはするどい。手ぶくろと玉アミをもっていこう。

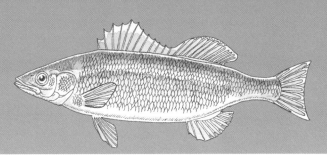

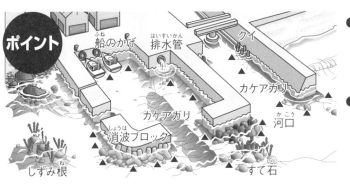

- 潮がとまるとエサを食べなくなるので、潮が動いているときがチャンス。
- 夜は、防波堤の明かりのまわりに集まってくる。

## ウキづり

ウキ下を1～3mくらいにして、上層をねらう。

①遠くへ投げる。
②ウキをみて、アタリをまつ。
③アタリがなければ、リールを少しまいて、手前のポイントをさぐる。
④アタリがあれば、体で大きくあわせる。

## ルアーづり

①遠くに投げる。
②穂先をさげてひく。
③ひく・とめるの動作、上下・左右の動作をくりかえす。
④アタリがあったら、力強くあわせる。

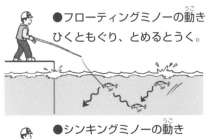

●フローティングミノーの動き
ひくともぐり、とめるとうく。

●シンキングミノーの動き
ひくとうき、とめるともぐる。

ライン（道糸）をたるませると、エラでラインが切られてしまうよ。

夏の夜づりでよくつれる。夏休みにチャレンジしよう。

# アナゴ（ハカリメ、ハモ）

- つり方：ミャクづり
- シーズン 1 2 3 4 5 6 **7 8 9 10** 11 12

## 道具 ミャクづり

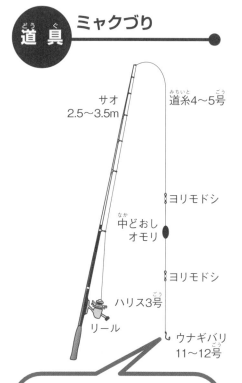

- サオ 2.5〜3.5m
- 道糸4〜5号
- ヨリモドシ
- 中どおしオモリ
- ヨリモドシ
- ハリス3号
- リール
- ウナギバリ 11〜12号

夜づりでは、ハリの上にけいこう玉をつけるとよい。

湾内の砂やドロのまじった海底にすむ。昼はほとんど砂にもぐっているが、夜になると活発にエビ、カニ、小魚などをとる。そのため夜づりでよくつれるが、昼間につるなら空のくもった日がよい。栄養がいっぱいで、食べるとおいしい。

## エサ

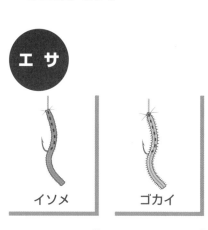

イソメ　ゴカイ

イカ　サンマの切り身

## ポイント

- 河口近く
- 消波ブロックのまわり
- 砂やドロ底のカケアガリ
- 船道、排水管近く

 アナゴはヌルッとすべる。頭をタオルでつかんでハリをはずそう。

84

# カニをつるには、こんな方法がおもしろいよ。
# ワタリガニ（イシガニ、ガザミ）

- つり方：アミづり
- シーズン ① ② ③ ④ ⑤ ⑥ ⑦ ⑧ ⑨ ⑩ ⑪ ⑫

### 道具　アミづり

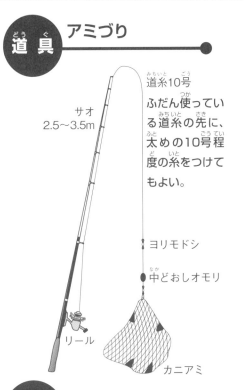

- サオ 2.5～3.5m
- 道糸10号　ふだん使っている道糸の先に、太めの10号程度の糸をつけてもよい。
- ヨリモドシ
- 中どおしオモリ
- リール
- カニアミ

イシガニ、ガザミなどをワタリガニとよぶ。いちばんうしろのたいらな足を使って潮の流れにのり、遠くまで移動するのでワタリガニという。塩ゆでやみそしるの具にするとおいしい。

### エサ

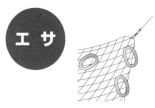

イカの輪切りをカニアミに結ぶ。よせエサをからませておくとさらによい。

### つりテク

おきザオにして、10～20分くらいまつ。

アタリはないので、ゆっくりサオをあげるだけ。

いきおいよくあげると、カニが海に落ちてしまう。

ほかのサオでキスやハゼをつりながら、おきザオにしてまってみよう。

# 全国 海づり公園ガイド

　海づり公園は、日本のいろいろなところにある。つり用のさん橋や売店、トイレなど、せつびも整っていて、安全につりが楽しめるつり場だ。ただし、休みはいつか、どういけばよいか、料金はいくらか、エサは買えるかなど、かならず電話でかくにんしてからでかけよう。

2017年1月現在

| 青森県 | 浅虫海づり公園 | | | |
|---|---|---|---|---|
| | 電話 | 017(752)2810 | つれる魚 | アイナメ、ハゼ、イワシ、メバルなど |
| | 場所 | 青森市 | いき方 | 青い森鉄道線浅虫温泉駅より徒歩 |
| 山形県 | 海の駅ゆら　海洋釣堀 | | | |
| | 電話 | 0235(73)2666 | つれる魚 | アジ、サバ、アイナメ、カレイなど |
| | 場所 | 鶴岡市 | いき方 | JR線三瀬駅よりバス |
| 茨城県 | 茨城県鹿島港魚釣園 | | | |
| | 電話 | 0299(82)1125 | つれる魚 | アイナメ、アジ、イシダイ、イワシなど |
| | 場所 | 鹿嶋市 | いき方 | JR線鹿島神宮駅よりタクシー |
| 千葉県 | 市原市海づり施設 | | | |
| | 電話 | 0436(21)0419 | つれる魚 | カレイ、メバル、イワシ、アイナメなど |
| | 場所 | 市原市 | いき方 | JR線五井駅よりタクシー |

# 海づり公園ガイド

## 千葉県

### 太海フラワー磯釣センター

| 電話 | 04(7092)1311 | つれる魚 | タイ、ハマチ、カワハギなど |
|---|---|---|---|
| 場所 | 鴨川市 | いき方 | JR線太海駅より徒歩 |

## 東京都

### 若洲海浜公園海釣り施設

| 電話 | 03(3522)3225 | つれる魚 | ハゼ、サッパ、アイナメ、メバルなど |
|---|---|---|---|
| 場所 | 江東区 | いき方 | JR線新木場駅よりバス |

## 神奈川県

### 横須賀市立海辺つり公園

| 電話 | 046(822)4022 | つれる魚 | ウミタナゴ、ハゼ、アイナメ、カレイなど |
|---|---|---|---|
| 場所 | 横須賀市 | いき方 | 京急線堀ノ内駅より徒歩 |

### 大黒海づり施設

| 電話 | 045(506)3539 | つれる魚 | アイナメ、イワシ、アジ、ウミタナゴなど |
|---|---|---|---|
| 場所 | 横浜市 | いき方 | JR線横浜駅よりバス |

### 本牧海づり施設

| 電話 | 045(623)6030 | つれる魚 | アイナメ、イワシ、アジ、メバルなど |
|---|---|---|---|
| 場所 | 横浜市 | いき方 | JR線横浜駅よりバス |

## 新潟県

### 上越市海洋フィッシングセンター

| 電話 | 025(544)2475 | つれる魚 | アイナメ、カレイ、アジ、サバなど |
|---|---|---|---|
| 場所 | 上越市 | いき方 | JR線谷浜駅より徒歩 |

## 石川県

### のとじま臨海公園海づりセンター

| 電話 | 0767(84)1271 | つれる魚 | メジナ、メバル、クロダイ、サヨリなど |
|---|---|---|---|
| 場所 | 七尾市 | いき方 | JR線和倉温泉駅よりバス |

## 静岡県

### 熱海港海釣り施設

| 電話 | 0557(85)8600 | つれる魚 | メバル、サバ、アジ、カワハギなど |
|---|---|---|---|
| 場所 | 熱海市 | いき方 | JR線熱海駅よりバス |

|  |  | | | |
|---|---|---|---|---|
| 愛知県 | **佐久島海釣りセンター** | | | |
| | 電話 | 0563(72)9607 | つれる魚 | メバル、カレイ、クロダイ、アイナメなど |
| | 場所 | 西尾市 | いき方 | 一色港より高速船 |
| 大阪府 | **大阪南港 魚つり園護岸** | | | |
| | 電話 | 06(6612)2020 | つれる魚 | ボラ、サバ、スズキ、ハゼなど |
| | 場所 | 大阪市 | いき方 | 南港ポートタウン線フェリーターミナル駅よりバス |
| 兵庫県 | **尼崎市立魚つり公園** | | | |
| | 電話 | 06(6417)3000 | つれる魚 | スズキ、アジ、サバ、カレイなど |
| | 場所 | 尼崎市 | いき方 | 阪神電鉄武庫川駅よりタクシー |
| | **神戸市立須磨海づり公園** | | | |
| | 電話 | 078(735)2907 | つれる魚 | メバル、アジ、スズキ、カレイなど |
| | 場所 | 神戸市 | いき方 | 山陽電鉄須磨浦公園駅より徒歩 |
| | **神戸市立平磯海づり公園** | | | |
| | 電話 | 078(753)3973 | つれる魚 | メバル、アジ、サバ、カレイなど |
| | 場所 | 神戸市 | いき方 | 山陽電鉄東垂水駅より徒歩 |
| | **鳴尾浜臨海公園海づり広場** | | | |
| | 電話 | 0798(40)7650 | つれる魚 | イワシ、サヨリ、ボラ、カレイなど |
| | 場所 | 西宮市 | いき方 | 阪神電鉄甲子園駅よりバス |
| | **姫路市立遊漁センター** | | | |
| | 電話 | 079(254)5358 | つれる魚 | カサゴ、メバル、アジ、サバなど |
| | 場所 | 姫路市 | いき方 | 山陽電鉄的形駅より徒歩 |
| 和歌山県 | **和歌山北港魚つり公園** | | | |
| | 電話 | 073(451)2866 | つれる魚 | クロダイ、メジナ、カワハギ、メバルなど |
| | 場所 | 和歌山市 | いき方 | 南海電鉄和歌山市駅よりタクシー |

# 海づり公園ガイド

## 山口県

### 下関フィッシングパーク
| | | | |
|---|---|---|---|
| 電話 | 083(286)5210 | つれる魚 | カサゴ、カレイ、アジ、サバなど |
| 場所 | 下関市 | いき方 | JR線吉見駅より徒歩 |

### フィッシングパーク光
| | | | |
|---|---|---|---|
| 電話 | 0833(79)0377 | つれる魚 | ヒラメ、イシダイ、カワハギ、クロダイなど |
| 場所 | 光市 | いき方 | JR線光駅よりタクシー |

## 香川県

### 小豆島ふるさと村 釣り桟橋
| | | | |
|---|---|---|---|
| 電話 | 0879(75)2266 | つれる魚 | アイナメ、アジ、サバ、キスなど |
| 場所 | 小豆郡小豆島町 | いき方 | 池田港よりバス |

### 直島つり公園
| | | | |
|---|---|---|---|
| 電話 | 087(892)2891 | つれる魚 | クロダイ、メバル、アイナメ、カレイなど |
| 場所 | 香川郡直島町 | いき方 | 宇野港よりフェリー |

## 福岡県

### 福岡市海づり公園
| | | | |
|---|---|---|---|
| 電話 | 092(809)2666 | つれる魚 | スズキ、クロダイ、メバル、ウミタナゴなど |
| 場所 | 福岡市 | いき方 | JR線今宿駅よりバス |

## 熊本県

### 湯の児フィッシングパーク
| | | | |
|---|---|---|---|
| 電話 | 0966(63)3870 | つれる魚 | メバル、ボラ、アジ、スズキなど |
| 場所 | 水俣市 | いき方 | JR線新水俣駅よりバス |

## 鹿児島県

### 鹿児島市鴨池海づり公園
| | | | |
|---|---|---|---|
| 電話 | 099(252)1021 | つれる魚 | アジ、メジナ、クロダイ、カワハギなど |
| 場所 | 鹿児島市 | いき方 | 鴨池港より徒歩 |

### 鹿児島市桜島海づり公園
| | | | |
|---|---|---|---|
| 電話 | 099(293)3937 | つれる魚 | アジ、メジナ、クロダイ、カワハギなど |
| 場所 | 鹿児島市 | いき方 | 桜島港より徒歩 |

# さくいん
## （つり用語解説つき）

いくつかのページにのっているものは、黒い数字のところでくわしく解説しています。

## ア行

- アイゴ······················ 17
- アイナメ··········· 6、8、41、50、56
- アカエイ···················· 17
- 上げ三分···················· 13
  満潮と干潮の間を10等分したとき、干潮から3番目をいう。そのころから潮が動きはじめ、よくつれるようになる。
- 朝マズメ···················· 13
  日の出の前の2時間くらいの間。魚の食事時間なのでよくつれる。
- アジ················ 7、8、39、50、52
- アタリ················ 27、38、40
  魚がハリにかかったときの信号。
- アナゴ··············· 7、8、50、84
- アブラコ···················· 56
- アブラメ···················· 56
- アラカブ···················· 60
- アワセ······················ 38
  ハリを魚の口にかけるための動作。アタリがあったあとで、サオを立ててしかけをあげる。
- イーブー···················· 54

- イガイ······················ 42
- イサキ················ 7、8、74
- イサギ······················ 74
- イシガニ···················· 85
- イシガレイ·················· 62
- イシダイ············ 6、8、50、65
- イソメ······················ 37
- 板オモリ···················· 28
- イッサキ···················· 74
- 糸························ 26、30
- 糸フケ···················· 42、79
  道糸がたるんでいる状態。
- イナ························ 80
- イナッコ···················· 80
- イワシ············ 7、8、39、49、50、52
- ウキ······················ 27、38
- ウキ下······················ 38
  しかけのうち、ウキから下の部分。
- ウキづり·················· 20、38
- ウツボ······················ 17
- ウミタナゴ···· 6、8、25、39、50、58
- 海づり公園·················· 86
- エサ························ 37
- えだハリス················ 32、39

みき糸に、木のえだのようにつけてあるハリス。

**円すいウキ**・・・・・・・・・・・・・・・・・ 27、38

**大潮**・・・・・・・・・・・・・・・・・・・・・・・・・・ 12
潮の満潮・干潮の差がもっとも大きいとき。

**オキアミ**・・・・・・・・・・・・・・・・・・ 37、72

**おきザオ**・・・・・・・・・・・・・・・・・・・・・ 40

**おくりこみ**・・・・・・・・・・・・・・・・・・・ 34

**オボコ**・・・・・・・・・・・・・・・・・・・・・・・ 80

**オマツリ**・・・・・・・・・・・・・・・・・・・・・ 15

**オモリ**・・・・・・・・・・・・・・・・・・ 28、32

## カ行

**カイズ**・・・・・・・・・・・・・・・・・・・・・・・・ 78

**ガイド**・・・・・・・・・・・・・・・・・・ 20、21

**かえし**・・・・・・・・・・・・・・・・・・・・・・・ 25

**カケアガリ**・・・・・・・・・・・・・・・ 7、67
深いところから岸にむかって、ななめに浅くなっているところ。

**河口**・・・・・・・・・・・・・・・・・・・・・・・・・・ 6

**カサゴ**・・・・・・・・・・ 7、8、41、50、60

**ガザミ**・・・・・・・・・・・・・・・・・・・・・・・ 85

**ガシラ**・・・・・・・・・・・・・・・・・・・・・・・ 60

**片軸受けリール**・・・・・・・・・・・・・・ 22

**かたテンビン**・・・・・・・・・・・・・・・・・ 29

**カニアミ**・・・・・・・・・・・・・・・・・・・・・ 85

**カミツブシ**・・・・・・・・・・・・・・・・・・・ 28

**空アワセ**・・・・・・・・・・・・・・・・・・・・・ 64

アタリがなくても、サオをあげてみること。

**カラスミ**・・・・・・・・・・・・・・・・・・・・・ 80

**カレイ**・・・・・・・・・・ 6、8、40、50、62

**カワギス**・・・・・・・・・・・・・・・・・・・・・ 54

**カワハギ**・・・・・・・・・・・・ 7、8、50、64

**岩礁**・・・・・・・・・・・・・・・・・・・・・・・・・・ 6

**ガン玉**・・・・・・・・・・・・・・・・・・・・・・・ 28

**干潮**・・・・・・・・・・・・・・・・・・・・・・・・・ 12

**かんつきオモリ**・・・・・・・・・・・・・・・ 28

**カンヌキ**・・・・・・・・・・・・・・・・・・・・・ 68

**キイワシ**・・・・・・・・・・・・・・・・・・・・・ 72

**ぎじエサ**・・・・・・・・・・・・・・・・・ 37、43
こん虫や小魚など、魚が食べるエサににせてつくったもの。ルアー、フライなど。

**汽水域**・・・・・・・・・・・・・・・・・・・・・・・ 54
河口など、海の水と川の水がいりまじっているところ。

**キスゴ**・・・・・・・・・・・・・・・・・・・・・・・ 66

**ギッパ**・・・・・・・・・・・・・・・・・・・・・・・ 72

**キャスティング**・・・・・・・・・・・・・・・ 43
ねらった場所にしかけを投げこむこと。

**食いあげ**・・・・・・・・・・・・・・・・・・・・・ 59
アタリの一種。魚がハリをのみこんで、水面近くにあがってくること。

**クーラーボックス**・・・・・・・・・ 19、48

**クシロ**・・・・・・・・・・・・・・・・・・・・・・・ 76

**グラブ**・・・・・・・・・・・・・・ 25、43、45

**クランクベイト**・・・・・・・・・・・・・・・ 37

**グレ**・・・・・・・・・・・・・・・・・・・ 25、76

**クロイオ**・・・・・・・・・・・・・・・・・・・・・ 76

クロダイ・・・・・・・・・・・・・・・・6、8、50、78

けいこう玉(だま)・・・・・・・・・・・・・・・・・74、84

外道(げどう)・・・・・・・・・・・・・・・・・・・・・・・66

号(ごう)(号数(ごうすう))・・・・・・・・・・・・・・25、26

ゴカイ・・・・・・・・・・・・・・・・・・・・・・・・・37

小潮(こしお)・・・・・・・・・・・・・・・・・・・・・・12
　満潮・干潮の差がもっとも小さいとき。

コノシロ・・・・・・・・・・・・7、8、39、72

コハダ・・・・・・・・・・・・・・・・・・・・・・・72

ゴムカン・・・・・・・・・・・・・・・・・・・・・27

ゴンズイ・・・・・・・・・・・・・・・・・・・・・17

## サ行(ぎょう)

サオ・・・・・・・・・・・・・・・・・20、34、36

サオ入(い)れ・・・・・・・・・・・・・・・・・・・19

サオかけ・・・・・・・・・・・・・・・・・・・・・19

先糸(さきいと)・・・・・・・・・・・・・・・・・・・・・・26
　道糸(みちいと)とハリスの間(あい)の糸(いと)。

下げ三分(さげさんぶ)・・・・・・・・・・・・・・・・・・・13
　満潮と干潮の間を10等分したとき、満潮から3番目(ばんめ)をいう。そのころから潮が動きはじめ、よくつれるようになる。

サッパ・・・・・・・・・・・・・7、8、50、72

サバ・・・・・・・・・・・・7、8、39、50、52

サビキしかけ・・・・・・・・・・・・・・・・・52

サビキづり・・・・・・・・・・・・・・・39、52

サヨリ・・・・・・・・・・・・・7、8、50、68

サラシ場(ば)・・・・・・・・・・・・・・・・13、77
　岩(いわ)にぶつかった波(なみ)がくだけ、白(しろ)くアワだっているところ。

サルカン・・・・・・・・・・・・・・・・・・・・・28

シーバス・・・・・・・・・・・・・・・・・・・・・82

ジェットテンビン・・・・・・・・・・・・・・29

潮時表(しおじひょう)・・・・・・・・・・・・・・・・・・・・12

潮どおし・・・・・・・・・・・・・・・・・・・・・53

潮(しお)どまり・・・・・・・・・・・・・・・・・・・・13
　満潮時(まんちょうじ)、干潮時(かんちょうじ)の潮(しお)の流(なが)れがとまったとき。

潮目(しおめ)・・・・・・・・・・・・・・・・・・・・・・13
　潮(しお)と潮(しお)がぶつかっているところ。プランクトンが集(あつ)まるので、それをエサにしている魚(さかな)がよくつれる。

しかけ・・・・・・・・・・・・・・18、19、36
　サオにとりつける道具(どうぐ)のうち、道糸(みちいと)からハリまでの部分(ぶぶん)。

しかけまき・・・・・・・・・・・・・・・・・・・19

じく・・・・・・・・・・・・・・・・・・・・・・・・・25

ジグ・・・・・・・・・・・・・・・・・・・・・・・・・43

しずみ根(ね)・・・・・・・・・・・・・・・・・6、7
　海底(かいてい)の岩場(いわば)のこと。

自動ハリス止めつきヨリモドシ(じどう)・・・・・28

シマダイ・・・・・・・・・・・・・・・・・・・・・65

シモリウキ・・・・・・・・・・・・・・・27、38

ジャリメ・・・・・・・・・・・・・・・・・・・・・58

出世魚(しゅっせうお)・・・・・・・・・・・・72、78、80、82
　成長(せいちょう)するにしたがってよび名のかわる魚(さかな)。スズキ、ボラなど。

消波(しょうは)ブロック・・・・・・・・・・・・・・7、15

シロギス・・・・・・・6、7、8、40、50、66

| 項目 | ページ |
|---|---|
| シンカー | 45 |
| シンキングミノー | 43、71、83 |
| シンコ | 72 |
| スイベル | 28 |
| スズキ | 6、8、17、50、82 |
| ストッパーレバー | 22 |
| スナップ | 28 |
| スナップつきヨリモドシ | 27、28、44 |
| スバシリ | 80 |
| スピニングリール | 22、24、35 |
| スプール | 22 |
| セイゴ | 82 |
| 接続具（せつぞくぐ） | 28、32、44 |
| 全長（ぜんちょう） | 51 |
| 側線（そくせん） | 51 |
| そで | 25 |
| ソフトルアー | 37、43 |

## タ行

| 項目 | ページ |
|---|---|
| タチウオ | 17 |
| タックル | 43 |

つり道具のこと。

| 項目 | ページ |
|---|---|
| タックルボックス | 19 |
| タナ | 27、38 |

魚のいる水の層。魚の種類によって、また天気や時間によってタナはちがう。

| 項目 | ページ |
|---|---|
| 玉アミ（たま） | 19 |
| 玉ウキ（たま） | 27、38 |
| たる型ヨリモドシ | 28 |
| 力糸（ちからいと） | 62、66 |
| チチワ | 31、33 |
| チヌ | 25、78 |
| ちもと | 25 |
| チン | 78 |
| チンチン | 78 |
| つなぎザオ | 21 |
| ツナシ | 72 |
| 手ザオ（て） | 20 |
| 手開き（てびら） | 49 |
| 電気ウキ（でんき） | 27、38 |
| テンビン | 29 |
| トウガラシウキ | 27 |
| とおしざし | 70 |
| トド | 80 |

## ナ行

| 項目 | ページ |
|---|---|
| 中潮（なかしお） | 12 |
| 長潮（ながしお） | 12 |
| 中どおしオモリ（なか） | 28 |
| ナギ | 71 |

風がなく、波がおだやかな状態。

| 項目 | ページ |
|---|---|
| 投げづり（な） | 20、40 |
| ナス型（かんつきオモリ）（がた） | 28 |
| ナツメ型（中どおしオモリ）（がた）（なか） | 28 |
| 2ひきがけ（オキアミ） | 72 |
| 根がかり（ね） | 30 |
| ノーアクション | 45 |

水にうくタイプのルアーを、水面にうか

93

べておくこと。

野じめ・・・・・・・・・・・・・・・・・ 48

「の」の字型ふりこみ・・・・・・・・・ 34

のべザオ・・・・・・・・・・・・・・・・・ 21

## ハ行

バイブレーション・・・・・・・・・・・・・ 82

ハオコゼ・・・・・・・・・・・・・・・ 17、61

ハカリメ・・・・・・・・・・・・・・・・・・ 84

ハク・・・・・・・・・・・・・・・・・・・・ 80

バクチウチ・・・・・・・・・・・・・・・・ 64

ハゲ・・・・・・・・・・・・・・・・・・・・ 64

箱型ヨリモドシ・・・・・・・・・・・・・・ 28

ハゼ・・・・・・ 6、8、40、41、50、54

ハチメ・・・・・・・・・・・・・・・・・・ 70

ハツメ・・・・・・・・・・・・・・・・・・ 70

ハネ・・・・・・・・・・・・・・・・・・・・ 82

ハモ・・・・・・・・・・・・・・・・・・・・ 84

ハリ・・・・・・・・・・・・・・・・・ 25、31

ハリウオ・・・・・・・・・・・・・・・・・ 68

ハリス・・・・・・・・・・・・・・・・・・ 26
　ハリを結ぶ糸。

ハリはずし・・・・・・・・・・・・・・・・ 62

反転カゴ・・・・・・・・・・・・・・・・・ 29

ハンドル・・・・・・・・・・・・・・ 22、24

ひきこみ・・・・・・・・・・・・・・・・・ 59

フォーリング・・・・・・・・・・・・・・・ 45
　水にしずむタイプのルアーを、水面から底のほうにしずめること。

フカセづり・・・・・・・・・・・・・ 22、42

フグ・・・・・・・・・・・・・・・・・ 17、50

ふさがけ・・・・・・・・・・・・・・ 62、70

フック・・・・・・・・・・・・・・・・・・ 25

フッコ・・・・・・・・・・・・・・・・・・ 82

ふところ・・・・・・・・・・・・・・・・・ 25

船道・・・・・・・・・・・・・・・・・・・・ 7
　船のとおり道。まわりよりも深くなっている。

ブラクリづり・・・・・・・・・・・・・・・ 56

ふりだしザオ・・・・・・・・・・・・・・・ 21

フローティングミノー・・・・・・・ 43、83

フロートテンビン・・・・・・・・・・・・ 29

ベールアーム・・・・・・・・・・・・・・・ 22

ポイント・・・・・・・・・・・・・・・・・・ 7
　魚のいる場所、つれそうな場所のこと。

ぼうウキ・・・・・・・・・・・・・・ 27、38

穂先・・・・・・・・・・・・・・・・・ 20、33

ポッパー・・・・・・・・・・・・・・・・・ 80

ボラ・・・・・・・・・・・・・ 7、8、50、80

## マ行

マアジ・・・・・・・・・・・・・・・・・・ 52

マイワシ・・・・・・・・・・・・・・・・・ 52

マコガレイ・・・・・・・・・・・・・・・・ 62

マサバ・・・・・・・・・・・・・・・・・・ 52

ママカリ・・・・・・・・・・・・・・・・・ 72

丸型（中どおしオモリ）・・・・・・・・・ 28

満潮・・・・・・・・・・・・・・・・・・・ 12

潮が満ちて、海がいちばん深いとき。

**みき糸**・・・・・・・・・・・・・・・・・ 32、39
えだハリスのついた糸。木のみきのように、ハリスの中心になる部分。

**ミサイルテンビン**・・・・・・・・・・・・ 29

**道糸**・・・・・・・・・・・・・・・・・・・ 26
サオにつなぐ糸。手ザオでは穂先に結び、リールザオではリールにまいておく。

**ミツカン**・・・・・・・・・・・・・・・・ 28

**ミノー**・・・・・・・・・・・・ 25、37、43

**ミノカサゴ**・・・・・・・・・・・・ 17、61

**ミャクづり**・・・・・・・・・・・・・・ 41

**メゴチ**・・・・・・・・ 6、7、8、50、66

**メゴチバサミ**・・・・・・・・・・・・ 67

**メジナ**・・・・・・・ 7、8、17、50、76

**メタルジグ**・・・・・・・・・・・ 37、43

**メバリ**・・・・・・・・・・・・・・・・・・ 70

**メバル**・・・・・・・・・・・ 7、8、50、70

**モエビ**・・・・・・・・・・・・・・・・・ 37

**もとザオ**・・・・・・・・・・・・・・・・ 21

## ヤ行

**タマズメ**・・・・・・・・・・・・・・・・ 13

**よせエサ**・・・・・・・ 29、37、39、53、73

**よせエサカゴ**・・・・・・・・・・ 29、39

**ヨブ**・・・・・・・・・・・ 6、7、40、67
海底の砂が、波によってもりあげられたところ。

**より糸**・・・・・・・・・・・・・・・ 62、66

**ヨリモドシ**・・・・・・・・・・・・・・ 28

## ラ行

**ライン**・・・・・・・・・・・・・・ 26、44
つり糸のこと。

**ラインローラー**・・・・・・・・・・・・ 22

**リール**・・・・・・・・・・・・・・ 22、36

**リールザオ**・・・・・・・・・・・ 20、35

**リールシート**・・・・・・・・・・・・ 23

**リールフット**・・・・・・・・・・ 22、23

**リトリーブ**・・・・・・・・・・・ 45、71

**流線**・・・・・・・・・・・・・・・・・・ 25

**リリース**・・・・・・・・・・・・・・・ 14
つった魚を水ににがすこと。

**ルアー**・・・・・・・・・・・・ 32、37、43

**ルアーづり**・・・・・・・・・ 20、25、43

**ルアーフィッシング**・・・・・・・・ 43

**ルアーフック**・・・・・・・・・・・・ 25

**ルアーロッド**・・・・・・・・・・ 20、35

**ロッド**・・・・・・・・・・・・ 20、43、45
つりザオのこと。

**ロッドワーク**・・・・・・・・・・・・ 45

## ワ行

**ワーム**・・・・・・・・・・・・ 37、43、45

**ワームフック**・・・・・・・・・・・・ 25

**若潮**・・・・・・・・・・・・・・・・・・ 12

**ワタリガニ**・・・・・・・・ 6、8、50、85

●監修／矢口　高雄（やぐち　たかお）
1939年、秋田県に生まれる。1970年、「鮎」でデビュー。1973年、「釣りキチ三平」の連載が始まり、同年「幻の怪蛇・バチヘビ」を発表。翌年、この2作品で講談社出版文化賞（児童まんが部門）を受賞。1976年には「マタギ」で日本漫画家協会賞（大賞）を受賞。

●著者／千坂　隆男（ちさか　たかお）
1931年、兵庫県に生まれる。1992年、川崎市立宮崎小学校校長を最後に41年間の教員生活を終える。少年時代は大阪湾、青年時代は瀬戸内海、その後は東京湾をはじめ、神奈川県の相模湾、千葉県の内房・外房などで海づりを楽しんでいる。

●編集制作／有限会社ワン・ステップ
●デザイン／有限会社Chadal 108
●イラスト・図版／小山 規、和地あつを、仲畠康男、中原武士
●写真撮影／割田富士男
●写真提供／相模川ふれあい科学館 アクアリウムさがみはら、新野 大
●協　　力／株式会社上州屋

『よくつれる！ 超カンタンつり入門』
図書館版　海づりにチャレンジ！

初版発行／2015年2月　　第3刷発行／2019年3月

監　修／矢口高雄
著　者／千坂隆男
発行所／株式会社金の星社
　　　　〒111-0056　東京都台東区小島1-4-3
　　　　電話（03）3861-1861（代表）
　　　　FAX（03）3861-1507
　　　　振替 00100-0-64678
　　　　http://www.kinnohoshi.co.jp
印　　刷／広研印刷株式会社
製　　本／株式会社難波製本

NDC787　96p.　22cm　ISBN978-4-323-06291-4
©T.Chisaka, T.Koyama, A.Wachi, Y.Nakahata, T.Nakahara & ONESTEP inc., 2015
Published by KIN-NO-HOSHI SHA, Tokyo, Japan.

乱丁落丁本は、ご面倒ですが小社販売部宛にご送付下さい。
送料小社負担にてお取替えいたします。

JCOPY　出版者著作権管理機構 委託出版物
本書の無断複写は著作権法上での例外を除き禁じられています。複写される場合は、そのつど事前に
出版者著作権管理機構（電話 03-3513-6969、FAX 03-3513-6979、e-mail: info@jcopy.or.jp）の許諾を得てください。
※本書を代行業者等の第三者に依頼してスキャンやデジタル化することは、たとえ個人や家庭内での利用でも著作権法違反です。

# よくつれる！超カンタンつり入門

A5判　96ページ　NDC787　図書館用堅牢製本

監修　矢口高雄

これから、つりを始めたい人にもぴったりの楽しいガイドブック。服装や道具など、つりに行く前の準備から実際のつり方まで、豊富なイラストで分かりやすく解説します。「釣りキチ三平」の作家・矢口高雄の監修。

図書館版　　　　　　　図書館版　　　　　　　図書館版
海づりにチャレンジ！　川づりにチャレンジ！　ルアーにチャレンジ！
　　　　　　　　　　　　～川・湖・沼～